FÉVRIER RÉVOLUTIONNAIRE

ET

LA SITUATION ACTUELLE,

PAR

LÉON TILLARD.

« Les circonstances font à tous les
« citoyens un devoir de parler. »
(LABOULAYE, *Cons. sur le projet de Constit.*, p. 111.)

MAI 1849.

BAYEUX,

IMPRIMERIE DE LÉON VEREL.

1849

TABLE.

NOTA. — La rapidité de la composition et de la correction typographiques de cette brochure ont laissé un certain nombre de fautes. La rectification de ces fautes, à la lecture, semble assez facile pour dispenser d'un *errata*. Ainsi: ... *on en eût trop*... pour: *on en eût eu trop* .. (p.19); *fracture* pour *fraction* (p.20); *progressives* pour *progressistes* (p.34); *plus haute hypothèse* pour *plus haute synthèse* (p.52, au dern. al.); etc., etc...

§ I.

Des révolutions et des luttes politiques. — Révolutions et réformes.

Les révolutions passées des sociétés apparaissent sous l'une ou l'autre de ces deux catégories :

révolutions sociales ;

révolutions administratives.

Les révolutions sociales sont le but ; les révolutions administratives, en général, sont le moyen, — révolutions et luttes politiques, dans le sens générique, dont il importe de bien saisir les caractères.

Une nation est considérée principalement :

dans le système de ses institutions de droit privé, de droit public, de droit pénal ;

dans le système hiérarchique et de compétence de ses divers agents administratifs.

Le premier de ces deux points de vue constitue plus spécialement l'état social d'une nation ; — le dernier, constituant l'état administratif dit aussi dans le sens étroit : état politique, est secondaire, accessoire, non en ce sens que peu importe quel soit le système, en lui-même, bon ou mauvais, mais en cet autre sens que tout système administratif n'est qu'un moyen facilitant et régularisant l'évolution du système social.

Le droit privé et le droit public d'une nation, c'est la loi d'évolution des membres de cette nation, c'est la loi régulatrice des rapports réputés légitimes, tant des citoyens entr'eux respectivement, tant des citoyens individuellement à l'égard de la masse et réciproquement. — Le droit civil ou privé, c'est le droit formulé dans les codes civils. Là, sont reglés les rapports respectifs des citoyens, soit relativement aux divers services des propriétés mobilières ou immobilières, soit relativement aux divers services personnels, quelles que soient les causes de ces rapports : faits sanctionnés législativement et produisant des obligations et des droits corrélatifs ; volontés privées, individuelles ou contractantes ; etc. Malgré leur caractère complexe, les rapports de famille sont le plus souvent classés comme rapports de droit privé. Les rapports commerciaux sont ordinairement formulés dans un code spécial, ce qui ne fait point que les codes commerciaux ne soient pas des appendices des codes civils, c.-à-d. des codes de droit privé. — Le droit public (si on le dégage de l'organisation administrative) apparaît rarement systématisé unitairement dans un code spécial. Il a fait le plus souvent l'objet des déclarations de principes, des préambules ou titres préliminaires de nos constitutions et de nos chartes. Là, on rencontre quelques dispositions générales concernant le domaine national, la qualité de citoyen, l'égalité ou l'inégalité des nationaux, la liberté d'évolution de l'homme au milieu de nos sociétés politiques, etc... Encore, sont-ce là des dispositions écourtées, complétées, pour ne pas dire échancrées le plus souvent, par des lois postérieures, dites organiques. — Sous un certain point de vue, le droit pénal apparaît avec un caractère de droit public, mais sous une nuance propre.

Le rouage ou système hiérarchique des agents administratifs, c.-à-d. des agents préposés à la gestion, à la surveillance et à la protection des divers intérêts de l'État et des particuliers ; la compétence de tous ces agents ; le mode de participation de l'élément populaire ou national au mouvement administratif, etc..., tel est le second point de vue, sous lequel se présente une nation.

Autant de sociétés politiques, c.-à-d. de nations, autant de systèmes variés tant de rapports sociaux que d'organisations administratives. Il est des systèmes qui, rapprochés, ne sont rien moins que le contre-pied les uns des autres. Or, deux contraires ne sauraient être également bons, excellents, parfaits, pour qui ne pousse point le scepticisme jusqu'à la négation brutale du bien ou du mal dans l'évolution de l'activité humaine, pour qui n'admet point cette définition matérialiste: le droit, c'est la force. Or, s'il est donné à l'activité humaine de modifier, de changer, de perfectionner sa marche, son évolution, cette faculté, c.-à-d. cette perfectibilité de l'homme et de l'humanité constitue pour l'agent une loi naturelle, légitime, obligatoire même ; une loi rendant conséquemment et nécessairement les systèmes politiques, sociaux ou administratifs, essentiellement passagers, transitoires, progressifs.

La transition d'un système politique, social ou administratif, à un autre système, constitue une révolution politique, sociale ou administrative suivant la nature du système remplacé.

Un coup-d'œil d'observation sur une période des derniers temps de notre histoire, fera mieux ressortir le caractère social ou administratif d'une révolution.

Le malaise général de la France avait forcé Louis XVI à faire un appel à la Nation et avait surexcité les esprits. Pour Louis XVI, il s'agissait de réparer provisoirement l'état délabré des finances. La nation comprenait l'insuffisance d'un replâtrage momentané, impuissant à atteindre les causes du mal. Malgré le système dérisoire de la représentation nationale, le Tiers-Etat se met en devoir de raisonner, de discuter. On ne votera plus par ordres. Le successeur de Louis XIV s'effraie de la puissance qui s'éveille; mais c'en est fait : il ne peut plus la dominer.

En 89, le Tiers-Etat ne songe point à faire tomber la tête de son Seigneur et Maître de par droit divin : on demande à celui-ci de devenir le *Restaurateur de la liberté française*, mission que Louis XVI se résigne à accepter. Une constitution est faite, et le Roi de France jure de la maintenir. La liste du Roi est fixée à 25 millions et le douaire de la Reine à 4.—Les assemblées primaires introduiront bientôt le Peuple dans le contrôle de l'administration de ses intérêts.

Mais Louis XVI s'habitue difficilement à la pensée qu'il n'est plus le Roi de France des temps passés. Il regrette déjà ses concessions; proteste secrètement contre les décrets par lui sanctionnés, et bientôt fuit vers l'étranger. Imprudent ! Une pesante main le ramène dans cette capitale qu'autrefois il avait appelée sa *bonne ville*, et Louis XVI y rentre captif pour entendre l'Assemblée nationale suspendre momentanément ses pouvoirs désormais compromis. Une nouvelle constitution est présentée à ce reste de roi, qui l'accepte, écrit et signe.

A l'Assemblée nationale succède l'Assemblée législative. Nous sommes en 91. Le *veto* royal vient paralyser plusieurs décrets de l'Assemblée ; la noblesse s'agite (*); le ministère est changé; la situation se complique; la patrie est déclarée en danger, et il est question maintenant de la déchéance du Roi de France. En 92, la déchéance est prononcée et le roi Louis XVI n'est plus qu'un prisonnier du Temple.

Enfin, la Convention est réunie et la République proclamée !

Nous venons d'assister à une révolution administrative.

(*) « Il n'y a plus qu'un moyen d'en finir, dit un député noble en montrant le côté « gauche, c'est de tomber le sabre à la main sur ces gaillards-là. » (TH. LAVALLÉE.)

Cependant, une bien autre révolution s'accomplissait :

Il y avait des classes privilégiées et des classes deshéritées ; deux sociétés dans la Mère-Patrie ; l'une fatalement enfermée dans le servage ou l'affranchissement, et, pour ainsi dire, à l'usage de l'autre. — La fameuse nuit du 4 août 1789, « L'Assemblée nationale détruit entièrement le « régime féodal. Elle décrète que... les droits et devoirs... « qui tiennent à la main-morte réelle ou personnelle et à « la servitude personnelle... sont abolis. » (Décr., art. 1.) Et, le 19 juin 90, abolition complémentaire de tous les titres nobiliaires. A peine comprenons-nous aujourd'hui toute la portée de la nouvelle formule : Tous les français sont égaux devant la loi.

Il y avait une classe investie du privilège de chasser même sur la propriété d'autrui, et une autre classe privée du droit de chasser même sur son propre terrain. — Et, le 4 août, « Le droit exclusif de la chasse et des garennes ou-« vertes est... aboli, et tout propriétaire a le droit de dé-« truire et de faire détruire... sur ses possessions, toute « espèce de gibier..... M. le Président sera chargé de de-« mander au Roi le rappel des *galériens et des bannis* pour « simple fait de chasse. » (3.)

Il y avait une classe faite pour tailler le peuple à merci et une autre pour payer. — Le 4 août encore, « Les privi-« lèges pécuniaires, personnels ou réels, en matière de « subsides, sont abolis à jamais. La perception se fera sur « tous les citoyens et sur tous les biens, de la même ma-« nière et de la même forme. » (9.)

Il y avait une classe à qui étaient dévolus les honneurs et les émoluments des emplois publics à l'exclusion de l'autre. — Encore le 4 août, « Tous les citoyens, sans dis-« tinction de naissance, pourront être admis à tous les em-« plois et les dignités ecclésiastiques, civiles et militaires, « et nulle profession utile n'emportera dérogeance. » (11.)

Il y avait des entraves à la liberté de l'industrie, du commerce ; il y avait des villes, des corporations privilégiées,

— et le même décret faisait tomber ces entraves, ces privilèges.

Il y avait une foi et un culte officiels, culte devenu, dans la suite des temps, exclusif, intolérant et qui avait eu ses bûchers en Espagne.— Le 23 août, la même Assemblée décrète la liberté religieuse.

Il y avait une pensée officielle,— et le même jour, tombent les entraves imposées à la presse.

Il y avait des peines privilégiées pour la classe privilégiée et des peines pour le vilain. — Janvier 90 voit proclamer l'égalité des peines pour tous les coupables des mêmes crimes, sans considération du rang des personnes.

Il y avait, comme aujourd'hui en fait sinon en droit, la tombe béante du cloître, dans laquelle la société indifférente voyait l'homme et la femme se dépouiller de la sainte liberté humaine. — Et les révolutionnaires sociaux de 90 proscrivirent un pareil sacrifice du sol de la France.

Il y avait une mort civile frappant le religieux et l'empêchant d'hériter et de transmettre son hérédité.— Et ces mêmes révolutionnaires restituèrent au religieux sa qualité de citoyen.

Il y avait, comme la Restauration songea à refaire, des priviléges héréditaires pour les aînés et les mâles des enfants du même père et de la même mère.— Et 91 vint réhabiliter les droits sacrés de la nature sacrifiés à des intérêts antisociaux de castes, en proclamant le principe de l'égalité héréditaire.

Il y avait, comme aujourd'hui, une loi barbare et fatale qui imposait au mari une famille étrangère que sa femme sans mœurs apportait au foyer domestique. — Et cette loi barbare ne laissa pas indifférents les Législateurs de 92.

Il y avait une condition particulière pour le bâtard de la classe privilégiée et une réprobation impitoyable pour le bâtard du vilain. — 93 ouvrit une ère de réhabilitation pour l'homme à qui l'on faisait subir le poids de la faute de parents à qui il n'avait pas demandé l'existence.

Il y avait, comme aujourd'hui, une transmission occulte des droits de propriété sur le sol. — Et les Législateurs de 93 pensèrent avec raison que c'était sacrifier le crédit à certaines idées étroites et donner une prime à la fraude que de ne point soumettre la transmission de ces droits à certaines solennités publiques devant avertir les tiers.

Il y avait....... — Mais cette liste nous suffit amplement pour développer sous nos yeux toute une révolution sociale. *Guerre aux privilégiés et aux privilèges!* avait écrit Mirabeau à la veille des États-Généraux. *Liberté*, *égalité*, *fraternité!* répondirent les Révolutionnaires sociaux du XVIIIe siècle. *Vous êtes frères!* avait dit, près de 2,000 ans auparavant, celui qui s'annonça comme le fils de Dieu. Ces 3 formules sont 3 échos divers d'une même pensée.

Résumons et généralisons nos deux exemples précédents en disant : — Toute révolution dans les rapports sociaux constituant le droit privé et le droit public d'une nation, est une révolution sociale. — Toute révolution, au contraire, dans l'économie hiérarchique et la compétence des agents administratifs, constitue une révolution administrative, dite aussi, dans le sens étroit, révolution politique.

Une révolution sociale ne saurait guères se produire sans révolution administrative. — Une révolution administrative se produira bien sans révolution sociale. — 89 eût pû, hypothétiquement, se produire comme révolution sociale sans révolution administrative. Juillet 1830 a été presque exclusivement une révolution administrative.

Révolution implique, en fait, victoire et défaite corrélatives ; car ce serait presque miraculeux de voir tous les privilégiés venir d'eux-mêmes, spontanément, se dépouiller de tous leurs priviléges sur l'autel de la Patrie. Or, toute victoire, implique une lutte préalable entre les vainqueurs et les vaincus, et toute lutte, des intéressés élevant des prétentions légitimes ou illégitimes à l'encontre d'intéressés à la résistance. Un coup-d'œil sur les éléments des luttes politiques de notre époque ; — mais, auparavant, constatons les caractères qui distinguent les révolutions et les réformes.

Une révolution est une réforme, mais toute réforme est loin de constituer une révolution proprement dite. Révolution est plus énergique et implique quelque chose de plus radical que réforme. Vous réformez, vous donnez une autre forme, vous modifiez, tandis que révolutionner, c'est, en quelque sorte, retourner bout pour bout, sens-dessus sens-dessous ; c'est substituer à l'état détruit un état contre-pied du précédent. Toutefois, les nuances que nous signalons, n'empêchent point que, dans le langage usuel, le sens de ces mots ne se dédouble, et que ce dédoublement ne produise un sens générique et un sens restreint. Alors une révolution est toujours une réforme, et une réforme est quelquefois une révolution.

Révolution est plus énergique, disions-nous, que réforme. Mais la limite où finit une réforme et commence une révolution n'est point aussi tranchée que la nuance étymologique des mots. La détermination de cette limite est nécessairement assez arbitraire, et l'imprécision, l'élasticité du langage usuel n'apparaissent pas moins ici qu'ailleurs.

Comme les révolutions, les réformes sont sociales ou administratives.

Réformes et révolutions sont soumises à une même loi de légitimité.

Le plus ordinairement, les révolutions et les réformes sont enfantées par des luttes sanglantes ; mais ce n'est là qu'un accident. Elles pourraient être aussi bien le résultat de luttes parlementaires, pacifiques, but que poursuit le républicanisme.

§ II.

Éléments sociaux.— État des partis à l'avènement de Février.

Réclamants, d'une part; résistants, de l'autre, telles sont les deux catégories des éléments des luttes politiques, dans le sens générique.

Les réclamants sembleraient devoir être tous les déshérités ; les résistants, tous les privilégiés. Cependant la répartition est loin de se produire toujours et complètement ainsi. — D'une part, l'égoïsme et la servilité à courte vue attachent à la remorque des classes privilégiées une masse intéressée, elle, à la destruction des privilèges. Et il suit de là que cette force, ajoutée momentanément aux privilégiés résistants, rend ceux-ci plus confiants dans leur opiniâtreté et paralyse l'action des réclamants. L'attaque, chaque jour, devient de plus en plus agressive; chaque jour voit des déshérités se détacher des intéressés à la résistance, et, bientôt, les éléments de la lutte en viennent à descendre dans la rue. Et, la lutte finie, souvent de cruelles représailles commencent. Plus d'intelligence de leurs vrais intérêts dans les déshérités résistants, auraient au contraire, amené progressivement de pacifiques et légitimes réformes.— D'un autre côté, des privilégiés n'acceptent pas toujours la responsabilité de la résistance à des réclamations légitimes, et, consciencieux autant que prévoyants, ils appuyent les déshérités réclamants. Si plus de privilégiés sacrifiaient leur égoïsme au sentiment de charité et de justice ou même souvent à une prévision intelligente de l'avenir, la société tarderait moins à entrer dans ses voies naturelles, et les privilégiés gagneraient amplement d'un côté ce qu'ils sacrifieraient de l'autre. Ainsi ne procèdent point, malheureusement, les passions humaines. Et cependant que peut espérer de l'avenir une poignée de privilégiés que le jour qui suit, peut voir renversés par le souffle de la masse formidable des déshérités sortis enfin de leur longue apathie ?

Les éléments des luttes politiques ne sont point les mêmes dans les diverses sociétés et aux diverses époques historiques.

La fin du dernier siècle vit la Bourgeoisie faire cause commune avec le peuple, sincèrement, sans arrière-pensée, contre la royauté et son entourage : on marchait d'entrain à l'assaut du vieil édifice féodal.

La victoire acquise, la Bourgeoisie s'arrêta : elle avait succédé, pour ainsi dire, à la Noblesse qu'elle avait renversée.

L'Empire vint consolider sa nouvelle position. Et cependant le Peuple fut impérialiste ; car il se sentit vivre de la vie nationale sur les champs de bataille où tombaient devant lui les royautés ennemies de son avènement passé.

A la chute de l'Empire, une grande partie de la Bourgeoisie resta indifférente, semblant compter sur la conservation de sa position acquise dans un royaume restauré, et rêver qu'elle allait prendre place aux côtés d'une Noblesse qui lui devrait d'avoir été acceptée par elle.

Bientôt déçue, la Bourgeoisie rentre dans l'arène, et fait cause commune avec le peuple. Mais la bannière ne portait plus la légende républicaine dans son intégrité : on combattait pour arrêter les entreprises retrospectives du parti restauré, pour défendre la liberté de la propagande libérale par la presse, et opposer une digue à la marche ascendante des impôts. L'époque redevint voltairienne et plus encore en présence d'un Clergé ayant cessé depuis longtemps de représenter les Apôtres, d'un Clergé politique au profit non des déshérités.

1830 vint changer la scène : aux éléments de lutte précédents succédèrent de nouveaux éléments de lutte.—Avant de grouper ces éléments, constatons l'état respectif des éléments ou classes de la société que Juillet légua à Février. —Car il ne faut point confondre les éléments sociaux ou classes sociales et les éléments des luttes politiques ou partis, comme on a pu le voir au début de ce §.

La société de Juillet se divise en classes bien tranchées et ayant des intérêts propres, intérêts qui ne correspondent pas toujours complètement à la bannière sous laquelle nous allons voir ces diverses classes se ranger.—Ces classes sont :

1° la Noblesse de race ou héréditaire ;

2° l'Aristocratie financière et terrienne, fonctionnaire, professionnelle et de camaraderie ;

3° le Négoce et l'Industrie d'ordre inférieur, et l'Agriculture ;

4° le Prolétariat urbain et rural ;

5° le Clergé gallo-romain.

L'ancienne noblesse de race ou héréditaire se trouve aujourd'hui réduite à quelques familles puissantes encore par leur opulence patrimoniale, et à la masse réduite par la loi du morcellement héréditaire aux divers degrés de la bourgeoisie et même du prolétariat. La noblesse de cette dernière catégorie n'a plus rien de commun avec le reste de la caste, si ce n'est les souvenirs historiques que les noms propres réveillent dans l'esprit des rares généalogistes d'une société révolutionnée.

La noblesse opulente, c'est presque une société à part, qui, sous le dernier règne, s'était en quelque sorte retranchée dans le sentiment de son prestige traditionnel, à la vue pour ainsi dire d'une Cour à qui elle avait à reprocher l'éclatant scandale de Blaye, et impuissante à lui restituer sa splendeur retombée encore une fois devant les barricades de Juillet. Le noble faubourg se contenta de la satisfaction d'occuper certains journaux et conséquemment le pays de quelques-unes de ses fêtes aristocratiques, et ce fut là presque l'unique côté par lequel elle communiqua avec la royauté bourgeoise et ses parvenus. Aristocratie financière elle-même, elle ne parut point empressée à faire cause commune avec la finance roturière. Elle conserva ses instincts propres et ses antiques illusions : elle resta et est aujourd'hui, plus encore que par le passé, dans l'attente d'un nouvel avènement.

La masse de la noblesse est restée, à part quelques familles ralliées à la royauté nouvelle, un assez pâle reflet de la noblesse opulente. Comme celle-ci, elle a persisté à affecter de relier sa cause à celle de la religion dominante, ce qu'elle n'a point jugé inconciliable avec son horreur instinctif des mésalliances. Dans les petites villes des départements, on l'a vue, ou plutôt on en a vu la partie féminine occuper exclusivement tout un côté des salles de réunions publiques, et laisser l'autre à la bourgeoisie, presque reconnaissante de se trouver en vis-à-vis d'une classe qu'elle s'avouait ainsi non digne de côtoyer. La jeune noblesse s'est peu mêlée à la vie active : sauf de rares exceptions, elle a paru peu soucieuse de se distinguer par des travaux intellectuels ; encore s'est-elle mise difficilement à l'unisson de la science moderne. Tout en boudant contre la royauté de Juillet, elle commençait à comprendre cependant le besoin de se rallier à la puissance du jour. Car privée des produits de la vie professionnelle en suspicion de dérogeance ; tout-à-la-fois sous le coup, lentement mais impitoyablement destructif, du nivellement héréditaire, ainsi que sous celui de la grande et égalitaire loi de la procréation physique des êtres, elle voyait s'avancer graduellement son absorpsion menaçante, non plus seulement dans la bourgeoisie, mais dans le prolétariat. Déjà, un organe du parti n'avait-il pas tenté une rentrée ménageant certaines susceptibilités d'amour-propre, en faisant des concessions sur les vieilles idées de légitimité de droit divin, et en demandant l'appel à la nation pour résoudre enfin la question gouvernementale, administrative?

Numériquement, qu'est-ce aujourd'hui que la noblesse en France par rapport à la masse nationale? La marche historique de sa diminution se distingue par sa grande rapidité.

L'Aristocratie de la Royauté bourgeoise de Juillet s'est trouvée composée d'éléments assez divers, mais réunis dans une certaine solidarité d'intérêts communs. Être ou même seulement paraître influent par l'argent, le sol, la position, les places, la camaraderie avec les influents, la naissance même, dès que l'on consentait toutefois à mêler sa voix au chœur des satisfaits, tout cela résume assez bien l'ensemble des éléments de la nouvelle aristocratie.

Le grand propriétaire foncier, la haute finance, la haute industrie et le haut commerce eurent une position assez nette sous le nouveau gouvernement. Ce gouvernement, c'eût même été le gouvernement accommodé tout juste, pour ainsi dire, aux intérêts de ces divers éléments, en tant que ceux-ci voulaient bien accepter, tel quel, le train de la machine, n'eût été toutefois le propriétaire foncier qui n'acceptait pas avec une complète abnégation la marche ascendante de l'impôt. Encore ce petit revers de médaille avait-il ses compensations pour qui ne les dédaignait pas. Quant à la haute finance on est encore sous l'impression de ces fameux trafics qui mirent à nu la plaie de l'époque.

Le personnel des fonctionnaires de quelque importance se composa des divers éléments de la nouvelle aristocratie. Son intérêt sous le régime de Juillet, comme sous tous les régimes des divers temps et des divers lieux, c'est toujours l'état de choses du moment, état qui le fait vivre, vivre quelquefois à l'eau trouble, et dans lequel il espère avancement et surcroît de profit. Et le peuple ne comprend pas cela assez. Le gouvernement fut loin de diminuer les places, ce qui aurait restreint le nombre de ses instruments d'influence.

La bourgeoisie de fortune moyenne, terrienne ou rentière ; la bourgeoise des professions dites traditonnellement libérales, toute cette bourgeoisie plus ou moins polie et dorée, et alliée au personnel de la hiérarchie fonctionnaire, présente une physionomie assez variée et quelque peu mobile. Peut-être caractérise-t-elle le type de l'époque. Son origine, c'est à-peu-près le personnel de l'opposition militante de la Restauration. La noblesse ayant cédé la place, la bourgeoisie voulut aussi avoir son heure de grande représentation. Celle-ci ouvrit ses salons au moment où la noblesse fermait les siens, et le budget domestique se ressentit souvent de ce nouveau train de vie. Cependant tous ne pouvaient avoir également place au nouveau festin. Bientôt, la bourgeoisie apparaît divisée en satisfaits ou conservateurs et en non-satisfaits ou opposants de diverses nuances plus ou moins radicales. Les premiers virent dans l'état de choses.l'avènement de leur ordre, et ne songèrent plus qu'à faire cause commune avec ceux des leurs devenus influents, les uns afin de se ménager à eux-mêmes ou aux leurs des débouchés au milieu de l'encombrement général ; les autres, par inertie et par horreur de raisonnement avec leur conscience. Les classes desheritées ne les occupèrent plus. Les non-satisfaits obéirent à des mobiles différents, plus ou moins désintéressés, plus ou moins sociaux. La lutte continuant plus vive et avec des phases tragiques, les satisfaits de se resserrer pour conserver leur influence en péril. Dès lors, s'organisa une forte et puissante camaraderie, qui, principalement dans les villes secondaires, s'attacha à miner tout ce qui ne s'avouait pas satisfait, et réussit au-delà même de ses espérances. Elle ne fut point difficile sur son nom de guerre : le mot *légitimiste* était au moins un hommage rendu à une pensée de droit ; *conservateur* exprima tout platement la philosophie nouvelle. On fut conservateur quand même, conservateur légitimement ou non, mais surtout conservateur de tous les abus et de la corruption. Cependant, les années se succédaient. Bouder et lutter, c'était un rôle assez lourd dans l'état de luxe où la bourgeoisie était entrée, satisfaits et, à plus fort raison encore, non satisfaits ou opposants. Le gouvernement vint porter le dernier coup. De bonne heure, le Roi des barricades avait répondu aux harangueurs bourgeois tant soit peu politiques : « Mes amis ! occupez-vous de vos « intérêts matériels. Laissez de côté la politique. » On fit plus : chaque localité eut ses influents en dehors du cercle des fonctionnaires administratifs, et on invoqua par leur intermédiaire, le grand argument de la persuasion : on mit habilement certaines conversions (non pas toutes ; car on en eût trop à satisfaire !) à prix d'emplois. C'est alors qu'on vit les conversions les plus scandaleuses et les plus éhontées. Chaque jour amenait ses défections et voyait s'éclaircir largement les rangs de la fraction opposante. Il y eut bientôt une logique de circonstances pour sauver les convenances ; des doctrines plus démoralisantes encore que spécieuses, furent mises à l'ordre du jour : la souveraineté des habiles, les intérêts matériels, l'intérêt du clocher, plus tard celui de la France, chacun chez soi et chacun pour soi, etc. On en arriva même brutalement à la justification officielle de la corruption comme principe gouvernemental. Le cynisme des théories devint à la hauteur de l'égoïsme satisfait et n'eut plus de limites. La valeur réelle ne fut plus rien ; l'habileté pratique et surtout l'argent, furent tout. Le barreau dégénère en gens d'affaires. Le roman-feuilleton remarquable par l'absence de toute mission moralisante, tient le sceptre de la littérature et innonde quotidiennement la France. Les esprits les moins religieux se rapprochent du clergé. Le recrutement aux emplois ne donnant aucune prime à l'émulation au travail, la jeunesse fatiguée, désorientée, sans débouchés au milieu d'une surabondance d'aspirants, se constitue en jeunesse dorée, peu soucieuse de la vie intellectuelle, indifférente aux aspirations généreuses; sceptique et servile dès qu'elle en pourra tirer profit immédiat. Cette jeunesse s'allie avec la jeune noblesse, mais dans une vie tout extérieure et qui ne confond point, ne nivelle point les rangs. Les débris de la bourgeoisie opposante mis à l'écart de la vie administrative et même de la vie professionnelle active, se distinguent, à part quelques exceptions d'individus et de localités, par leur incapacité pratique. Encore constituent-ils comme l'a écrit un journal, une opposition mesquine, tracassière, sans conclusions, à la remorque de leur chef, M. O.-Barrot. Le journal *le National*, dont le tirage vient en ordre fort secondaire, pénètre assez rarement dans cette fracture de la bourgeoisie, qui en accepte les arguments agressifs, plus que le *criterium*. La révolution de Février eut tardé quelque temps encore, les exigeances de luxe aidant, les soucis de l'avenir de leurs fils réduisaient, à quelques exceptions près, les derniers puritains de la bourgeoisie à passer sous les fourches caudines. — Pour être juste, disons-le à l'honneur de la noblesse, ses instincts se conservèrent plus dignes que ceux de l'aristocratie qui lui succéda.

Au milieu des mouvements de la bourgeoisie, le Négoce et l'Industrie de moyen ordre, ne prennent aucun caractère qui leur soit particulier, si ce n'est l'insouciance de se voir travaillés contre leurs propres intérêts. Les impôts pèsent assez lourdement sur eux; le système d'éducation publique est un piège tendu à cette classe; mais la bourgeoisie conservatrice a miné habillement et de concert ceux des siens restés sur la brèche, quelques-uns, si l'on veut, autant mais non plus vulnérables qu'elle, à la différence seulement du nombre des choristes; la timidité de la classe que l'on travaille, empêche à celle-ci de voir la question de la lutte au-dessus de la question des personnes, et, la presse aidant, la Boutique et l'Atelier inquiets de l'influence que pourraient exercer sur le train de leurs petites affaires, les fonctionnaires et leurs alliés, et espérant, en sacrifiant leurs intérêts réels, sérieux, dignes, se ménager quelques protections plus ou moins influentes pour le placement futur de leurs fils, se laissent traîner passivement à la remorque d'intérêts qui n'ont rien de commun avec les leurs. C'est une chose des plus dignes de remarque que le sentiment orgueilleux de suprématie de cette classe à l'égard de celle que, dans son esprit, elle place après elle. N'est-on pas pris de pitié en voyant des fils de cette classe et d'au-dessous, demi-parvenus de la veille, reniant et abandonnant ceux qu'ils avaient quittés l'avant-veille, eux-mêmes mal assurés encore de leur position atteinte ?... Ne se croient-ils pas déjà marcher de pair avec ceux qui les captent et ricanent *in petto* de leur naïve vanité.

Quant à l'Agriculture, elle est, pour ainsi dire, dans les mains de toute l'aristocratie bourgeoise de la haute et de la moyenne propriété, et en rapports continuels avec les banques. Travaillée par le propriétaire, le percepteur ou plus généralement les fonctionnaires, le prêteur; ahurie par toutes ces sociétés d'agriculture arrangées par gens moins qu'agriculteurs ; alléchée par le luxe de ceux-ci et perdant peu-à-peu ses habitudes d'économie, lorsqu'elle vient dans les villes ; endettée ; travaillée par le procès ; hostile à la noblesse plus par instinct que par raisonnement, tel est l'état de l'Agriculture que Février trouva à son avènement. L'Agriculture n'a pas compris que notre système d'éducation publique ainsi que d'autres n'étaient qu'un contre-bonsens par rapport à elles.

Le prolétariat urbain et rural pouvait moins encore comprendre quelque chose à l'agitation des classes dorées à ses yeux. Le prolétariat, surtout celui des villes, atteint dans une proportion effrayante par l'impôt indirect ; sans surveillance protectrice de ses intérêts ; trompé, par une aumône stérile ; presque sans invalides autres que la mendicité et le grabat ; abandonné à lui-même ; vivant au jour le jour ; le jouet de toutes les influences hostiles à son émancipation, comme aussi, demain peut-être, le jouet des agitateurs les plus insensés ; jusqu'en Février, sans participation du reste à la vie politique, et sans souci, si l'on excepte quelques grands centres, de son émancipation, tel est l'élément que la seconde moitié du XIXe siècle devra à la société de Juillet d'avoir eu à s'assimiler et à passionner pour les intérêts des privilégiés de tout ordre et de toute condition.

Désorienté par le coup de tonnerre de Juillet, le Clergé ne sut être décidément ni légitimiste, ni conservateur. Il sut moins encore mettre ses tendances à l'unisson des tendances vers les réformes sociales. Toutefois, le bas-Clergé commençait à comprendre que sa cause ne s'identifiait point avec celle de l'aristocratie de sa robe, et que la cause du Christ n'était pas plus celle de la noblesse que celle des satisfaits.

Dans le tableau qui précède, nous avons laissé se dérouler la situation respective et les allures égoïstes des diverses classes, sans avoir pour le moment, à les mettre en regard de l'intérêt seul et véritablement légitime, de l'intérêt national, bref, de l'équité et du droit.

Nous venons de voir les éléments de la société de Juillet. — Un coup d'œil sur la répartition de ces éléments dans les rangs des partis que Février trouva en présence. Apparaissent :

d'une part, les résistants ou satisfaits et conséquemment conservateurs ;

de l'autre, les électeurs réclamants ou non satisfaits, dits opposants (c.-à-d. opposants assez impuissants à l'encontre des conservateurs), plus une certaine masse extra-électorale des grands centres ;

à joindre : des expectants d'un Messie espéré.

La première des catégories précédentes constituant une forte majorité, se composait :

comme élément propre et attractif, de l'aristocratie financière et territoriale, fonctionnaire et professionnelle ;

et, comme élément remorqué, d'une masse dont les intérêts réels, sérieux, n'avaient rien de commun avec l'élément d'attraction, masse extraite du contingent électoral fourni par la classe inférieure, c.-à-d. par le Négoce et l'Industrie d'ordre inférieur ainsi que par l'Agriculture.

La seconde, à l'état notable de minorité, empruntait ses éléments à ce que lui laissait la majorité dans chacune des deux classes où celle-ci se recrutait, mais sous des nuances diverses de radicalisme : — les unes se contentant provisoirement d'une simple réforme électorale avec adjonction de capacités, espérant ainsi se faire jour par l'avènement de nouvelles influences ; — les autres plus radicales. — Ces dernières avaient encore un point d'appui en dehors de l'électorat.

Quant au radicalisme, — le Socialisme n'était rien ou presque rien ; — le Républicanisme peu de chose, puisqu'en Février, lorsque les Républicains se considérant de quelque influence, songèrent à se reconnaître et à s'inventorier, ils se comptaient par quelque 5, 6, 8, par ex., dans les cités d'une population de 30 et de 40,000 habitants, et de 2, de 1, quand encore, dans les cités inférieures. Mais, en revanche, il trouvait son foyer dans les grands centres, à Paris surtout où il avait ses journaux et une masse à laquelle s'était arrêté le privilége électoral. Le radicalisme de la presse républicaine fut plus spécialement administratif ; mais on lui pardonnait de concentrer provisoirement ses efforts pour renverser d'abord un gouvernement condamné par lui-même à l'immobilisme (résultat que l'on était loin d'espérer de sitôt), sauf à songer à autre chose, l'heure de la victoire ayant sonné.

Le Légitimisme eut bien la velléité de lever sa bannière individuelle ; mais elle comprit que c'était mettre imprudemment trop à découvert son infériorité numérique. Une partie s'abstint dans les luttes électorales ; l'autre se repartit assez inégalement, tantôt avec l'opposition de gauche, tantôt avec les conservateurs, tantôt avec les radicaux. — En somme, le Clergé électoral paraît avoir été conservateur, à part ses réserves d'avenir.

§ III.

De la légitimité des révolutions.

Légitimité des révolutions !

N'entendez-vous pas déjà certaines classes s'exclamant : « Mais n'est-ce pas accoupler des mots incompatibles, l'un « exclusif de l'autre ? »

Retournez-leur, pour toute réplique, cette autre question : 1815 opéra-t-il une révolution ? Cette révolution (car restauration, c'est essentiellement révolution) fut-elle légitime ? Qu'en 1832, encore, Mme de Berry eût réussi dans la Vendée, la révolution qui eût suivi, eût-elle été légitime ? Son insurrection fût-elle légitime ? Que demain....

Et ces mêmes classes de répondre aussitôt : « Oui ! Mais parce que... »

Ne vous occupez plus du *parce que*. Leur *oui* a résolu le point essentiel, fondamental : il y a des révolutions légitimes.

Alors, chaque partie de revendiquer pour les révolutions opérées à son profit, le bénéfice de la légitimité. Les descendants des privilégiés de 89 ne se proclament-ils pas légitimistes par excellence, exclusivement ?...

A quels caractères donc reconnaître la légitimité des révolutions ?

A la légitimité de la victoire, et la légitimité de la victoire, à l'illégitimité des mobiles de la résistance qui a provoqué la lutte, et conséquemment à la légitimité corrélative des mobiles qui ont poussé à engager la lutte.

Sortons des généralités.

Le Christ est venu dire aux hommes : « Vous êtes frères ! » Telle est la loi, la loi de Dieu, la loi ou plutôt le droit inhérent à l'identité de la nature humaine dans les divers individus de l'espèce ; bref, la loi légitime. La manifestation de cette loi dans les faits est donc légitime.

De même de cette autre loi du Dieu qui apparut à Moïse : « Vous ne déroberez point. Vous ne désirerez point la maison de votre prochain ; ni son bœuf, ni son âne, ni aucune de toutes les choses qui lui appartiennent. »

Or, transportons-nous par la pensée dans une île de moyenne étendue, habitée par les descendants d'une même famille à qui ces deux lois eussent été révélées. Voici qu'une partie de ses descendants réunis, se disent entr'eux : « Mais nous avons bien du mal à labourer nos champs ! Réunis comme nous sommes, nous serions plus forts que nos frères. Si nous les surprenions au dépourvu, les réduisions en notre puissance et nous nous emparions de leurs champs ?... Il faudra bien qu'ils se décident à supporter tout le travail, le leur et le nôtre, et nous en aurons, nous, le double profit, sans autre peine que celle de réprimer vigoureusement ceux qui réclameraient le plus haut. » Ainsi dit, ainsi fait. Et, même dit ou non, ainsi fait néammoins. On surprend les frères désarmés, qui n'opposent qu'une impuissante et vaine résistance, et deviennent les esclaves des usurpateurs qui assurent leur victoire.

Voici une première révolution dans notre petite société.

Est-elle légitime ou illégitime ? Est-elle concordante ou en contradiction avec la loi divine ? Est-elle illégitime ? — Elle est illégitime. — Bien.

Les frères devenus esclaves succombent aux fatigues d'un travail au-dessus de leurs forces et aux mauvais traitements de toutes sortes. Ils se plaignent, réclament humblement d'abord ; puis, avec plus de résolution et avec dignité ; puis encore avec menaces, ce qui leur vaut un rude châtiment. La résistance impitoyable, brutale, leur rend une énergie disparue depuis longtemps. Ils s'élancent d'un trait sur l'ennemi déconcerté et qu'ils culbutent ; ils recouvrent leurs champs avec leur liberté, et se fortifient d'une manière à prévenir une nouvelle usurpation.

Le fait des frères usurpateurs était-il juste, légitime ; leur résistance l'était-elle ; leur violence l'était-elle ? Le temps pouvait-il légitimer la persistance d'une violence de la loi divine ? — Hésitez-vous à répondre ? Proclamez donc, au plus vîte, la légitimité de la loi de la force ! Et encore, à à ce titre, toute victoire révolutionnaire sera légitime.

Si cette conséquence est inadmissible, révoltante ; si l'usurpation, la résistance impitoyable et même la violence des frères coalisés contre la liberté de leurs frères, était injuste, illégitime, les plaintes, les réclamations et l'indignation des frères devenus esclaves étaient donc justes, légitimes ? Leur résistance à l'oppression également ? La justice et la légitimité étaient donc pour eux dans la lutte, et leur victoire fut une juste et légitime victoire.

Et ainsi de mille autres exemples.

Ainsi des révolutions des sociétés, grandes ou petites ; ainsi du plus ou du moins de gravité des résistances et des réclamations jetant les partis dans l'arène.

Comment avons-nous tiré nos deux jugements ? — Comme l'homme juge de la légitimité ou de l'illégitimité de toutes les actions humaines (*). — Mais tous les hommes ont-ils un même critérium, une même mesure pour juger de cette légitimité ou de cette illégitimité ? Hélas ! non. Le critérium absolu du bien et du mal a profondément agité les moralistes et les publicistes, et, à n'en juger que par l'état des sectes et des partis, on pourrait dire : la question est encore pendante. Mais non ! Sortez du cercle de vos intérêts et de vos passions, inspirez-vous des nobles et généreux sentiments de l'homme ; ouvrez les livres ; parcourez les phases et la marche du passé ; conférez avec les penseurs des divers lieux et des divers temps ; suivez du regard la lutte de chaque jour ; arrêtez votre esprit sur ce qu'il peut y avoir de légitime, au fond sinon complètement à la superficie, dans les réclamations qui poussent les citoyens dans les luttes politiques, et bientôt vous rougirez en vous-même d'avoir affiché le doute et le scepticisme sur la légitimité des réclamations de vos frères.

Un exemple encore : lorsque le Peuple représenté alors par le Tiers-Etat, réclamait humblement l'égalité des citoyens devant la loi : égalité proportionnelle des impôts, égalité de droits dans les hérédités paternelles et maternelles, égalité de peines pour les mêmes crimes, égalité dans les aptitudes aux emplois, etc., etc. ; bref, la réforme d'abus les plus révoltants, que vous semble aujourd'hui de la légitimité de ces réclamations ? — On ne la conteste plus ? — Lorsque, les trois ordres en présence, deux soutenaient la légitimité du vote par ordre, pour arriver à ce résultat : deux privilégiés c'est tout ; un déshérité, ce n'est rien ; que vous semble aujourd'hui de la légitimité des prétentions contraires du Tiers-Etat ? — On ne la conteste plus. — Soit ; parce que ce n'est plus votre question à vous, hommes d'aujourd'hui. Mais alors qu'en

(*) Nous avons raisonné déductivement de la loi divine posée *à priori*, comme nous raisonnerions *à posteriori* sur la nature et les rapports des individus de l'espèce humaine, ainsi que sur les conséquences comparatives des systèmes contradictoires d'évolution.

pensaient les ancêtres de la Noblesse de vos jours ? Mettez de côté les historiens plus ou moins partiaux, dans un sens ou dans l'autre, et ne consultez que les documents officiels ! C'est le parlement de Besançon qui « ne peut approuver « les prétentions qui tendent à confondre tous les citoyens ; » c'est la majorité de la Noblesse qui présente à la signature des États assemblés à Aix une protestation contre « les « systèmes nouveaux (qui) tendaient à établir l'égalité « des rangs et des propriétés ; » c'est.... Mais notre liste deviendrait trop longue. Ce fut l'ivresse de l'aveuglement chez les privilégiés. Quel enseignement pour les peuples que toute cette histoire de 89 ! Et cette histoire sera l'éternelle histoire des privilégiés ; l'histoire de ces résistances qui ne sauraient avoir d'autres dénoûments que des catastrophes.

Car, au-dessus des subtilités logiques de ces hommes qui honorent Dieu des lèvres et non du cœur, il y a une loi bien autrement puissante : l'impitoyable loi des faits. Les mêmes causes persistantes, les mêmes faits en découleront fatalement. Ce sont là les véritables nécessités sociales, tant qu'un nouvel élément ne vient point modifier les circonstances passées, et cet élément modificatif c'est la volonté humaine profitant des leçons du passé. Comment les sociétés s'avanceraient-elles vers l'avenir en ne développant pas les légitimes besoins et les légitimes tendances de tous leurs éléments, lorsque le développement est la loi générale des êtres ? Subtilisez : soit. Mais brisez donc cette loi comme un ressort incommode.

Il me semble entendre déjà les clameurs que les doctrines développées en ce §, feront pousser à certaines gens. — « Proclamer la légitimité des révolutions ! Ne voilà-t-il « pas un propagandiste de guerre civile ? Un fauteur de république rouge ? » — Je ne proclame point la légitimité des révolutions, mais bien celle de certaines révolutions. Quant à celles-ci, ai-je bien observé, bien raisonné, bien généralisé et bien conclu ? Alors, ce n'est pas à moi qu'il faut s'en prendre, mais aux faits, à la loi impitoyable qui domine les faits sociaux. — « Mais pourquoi dire, mais pour« quoi écrire ce qui est, en pareil cas ? N'est-ce pas appeler l'émeute dans la rue ? » — Ce n'est point parce que Copernic a dit que la terre tourne autour du soleil que la chose se passe ainsi ; c'est au contraire, parce que la chose se passe ainsi que Copernic l'a dit. Il en est de même de mon §. Vous voulez y voir, à toute force, un appel qui n'y est point, et ne voulez point voir ce qui est : un avertissement que vous marchez regardant en l'air et que vous ne voyez pas un puits qui est devant vous. — « Eh ! que « vous importe ? » — Pardon ! J'ai mal choisi ma comparaison : vous voulez conduire une voiture dans laquelle nous voyageons de compagnie, et vous nous conduisez droit dans l'ornière. Et, puis, à côté de cette comparaison quelque peu égoïste, n'est-il pas du devoir de l'homme de cœur qui voit le mal à ses côtés, de dire : « Frère ! pourquoi « n'êtes-vous pas juste envers votre frère ? »

C'est que, tout en disant à celui qui est l'auteur du mal, le provoque : « Vous abusez aujourd'hui de la faiblesse de « votre frère, mais celui à qui vous donnez un légitime mo« tif de plainte, pourra demain reprendre sa revanche, re« vanche légitime, et alors vous regretterez de vous être « conduit ainsi, » je dis aussi à celui qui se plaint : « Frère ! « la guerre, la guerre civile, c'est la suprême raison des ci« toyens, celle à laquelle les citoyens dignes de ce nom ne « doivent recourir que lorsque le mal est devenu intolérable « et qu'ils ont épuisé tous les autres moyens de lutte. D'ail« leurs, une révolution ne peut réussir que lorsque le gros « de la nation se lève avec nous. Sinon, toute tentative pré« maturée d'insurrection, lors même que notre cause serait « juste, deviendrait un crime en produisant de grands maux « sans de grandes probabilités de succès, et compromettrait « pour longtemps votre cause et celle de nos frères. »

Une circonstance complique la question : c'est l'extension de l'électorat sur une grande échelle. Alors, si le navire va mal, c'est que tous le veulent. —Tous..., non, s'il y a des révoltés; mais la majorité.— « Eh bien! Rousseau ne l'a-t-il « pas dit? Lorsque la majorité dit au citoyen : Meurs! il est « juste qu'il meure. » — Rousseau l'a dit : soit. Mais a-t-il eu raison de le dire?

Supposez une société civile d'intérêts dans laquelle la majorité dictera la loi. Les associés n'ont pu entendre ici qu'une loi décrétée par chacun avec sincérité et loyauté dans l'intérêt de la société, de toute la société. Mais voici que, sur 5 associés que nous supposons, 3 se trouvent poursuivre un intérêt différent de celui des 2 autres, accaparent toutes les opérations avantageuses. De là, une coalition pour sacrifier l'intérêt général, c.-à-d. l'intérêt proportionnel de tous à l'intérêt envahisseur de 3. Les 2 lésés s'aperçoivent de l'iniquité, et réclament. Leur réclamation est-elle légitime? Est-ce, au contraire, la coalition et la résistance des 3 premiers à faire droit à la réclamation des 2 autres? Et s'il y a lutte, de quel côté est le bon droit? — Il se pourra même que 2 seulement poursuivent un intérêt égoïste distinct de l'intérêt de la masse, mais que ces 2 entraînent à leur suite un des 3 autres, soit en achetant sa voix, soit en l'intimidant. Et les questions précédentes de reparaître ici.—Et ces questions semblent à peine des questions.

Comment la loi du petit ne serait pas la loi du grand? Toutefois, il y a lésion et lésion : cette lésion qui détruit le but de l'association, et cette autre lésion qui n'est qu'un accident pratique de toute administration d'intérêts. Mais cette dernière sort de la question agitée : y a-t-il des révolutions légitimes? Car il faut bien accorder une très large part, dans la pratique, à la majorité administrative, sans quoi le vote ne serait que lutte armée permanente, une lutte pour *oui* ou pour *non*.

Revenant à l'objection tirée d'une solution émise par

Rousseau, nous disons : Non ; il n'est pas juste, il n'est pas légitime qu'un citoyen meure par cela seul que la majorité lui a dit : Meurs ! La force l'emporte, et le droit succombe, voilà tout. Et appliquant la dernière des hypothèses précédentes aux luttes politiques, nous reproduirons ici une observation d'un historien dont nous sommes loin de suivre aujourd'hui la bannière réformiste : « L'Aristocratie n'est « pas si faible que le petit nombre des privilégiés peut le « faire croire ; car il ne faut pas juger de l'Aristocratie par « le nombre de ses membres, mais par leur influence : « quand il s'agit de révolution, c'est une erreur aussi dan- « gereuse de confondre un seigneur avec un prolétaire que « de confondre un général avec un soldat : l'Aristocratie « est composée de généraux, dont chacun a derrière lui « une petite armée ; elle a pour elle le gouvernement ; la « force incalculable de l'organisation ; et le fait est que, « jusqu'à présent, quoique petite minorité, elle a trouvé « moyen d'enchaîner le genre humain. »

Nous nous empressons de le proclamer : l'extension de l'électorat devra exercer une grande, une immense influence, non sur le principe, mais sur le fait des révolutions. Mais le fait, l'impitoyable fait n'en restera pas moins (*). Vous trouvez mauvais qu'on se révolte et vous ne trouvez point mauvais de provoquer les révoltes en fermant l'oreille aux souffrances sociales ?... Ce n'est ni juste, ni tolérable. Il y a une solidarité irrécusable entre tous les membres d'une même société, d'une même nation ; une solidarité qui oblige ceux qui retirent les avantages de l'état social envers ceux qui principalement en supportent les charges. Sans solidarité sociale, point de société stable, point de de justice.

(*) « ... Ils croient que si toutes les décisions de la société étaient prises à la plus « grande voix, toutes seraient conformes à son intérêt, à ses progrès et à sa vertu..... « Ils... croient... que la minorité est libre lorsqu'elle est liée par le vœu de la majorité, « et que la majorité est souveraine quand elle commande par ses représentants. Il n'y a « pas un de ces prétendus principes qui ne soit également démenti par le raisonnement « et l'expérience. » (SISMONDI, *Et. sur les const.*, p. 57.)

Recette infaillible pour préserver des révolutions : Si une réduction d'impôts est demandée, n'augmentez point les impôts ! Si on réclame quelques concessions, ne redoublez point vos exigeances. Il est un degré où un ressort ploie ; un autre où il se brise, et se brise souvent à l'imprévu. Il n'est point et ne sera point d'état de société qui ne soit susceptible d'améliorations pratiques. Améliorez ! voici la recette. — « Plus on cédera, plus il faudra céder ! » — Mauvaise objection ! Cédez d'abord ce qu'il est juste que vous cédiez. Puis, plus vous céderez, plus vous diminuerez la masse de ceux que votre résistance aigrirait et jetterait dans l'arène. Votre bonne volonté vous gagnera des partisans.

Révolution n'implique point légitimité ; mais de même qu'il y a des révolutions illégitimes, il y a, par contre, des révolutions légitimes. — La légitimité de toute révolution implique la légitimité de sa consolidation par tous les moyens légitimes de la conservation de soi-même.

§ IV.

Février révolutionnaire. — Avènement des Républicains. Le 10 décembre.

La Royauté des barricades tombée, le parti républicain se trouva maître de la position. Une nouvelle révolution était consommée.

Une nouvelle révolution, c.-à-d., comme nous l'avons vu, une nouvelle victoire. Cette victoire, comme la concevaient, le 24 février, les Membres du Gouvernement provisoire dans leur proclamation au Peuple, c'était une victoire, non au profit de quelques-uns, mais au nom de la masse, de la société toute entière; c'était la victoire nationale, la victoire légitime par exellence.

Ce jugement de la part des représentants du parti républicain comme de la part de ce parti lui-même, s'établit, se justifie, mais ne se discute point, ou plutôt ne se discute point avec l'ennemi. Jamais l'ennemi ne consentira à faire de concessions sur ce point quand il sera question pour lui d'en subir les conséquences; jamais il ne croira avoir le verbe assez haut pour réclamer, protester contre cette application. Mais arrive son heure d'en faire subir les conséquences aux autres, lui ne discute point; il agit, et agit d'ensemble, sans s'amuser à tirer sur les siens. Ainsi fit 1815; ainsi a fait le 10 décembre; ainsi feraient demain les descendants des privilégiés de 89 si la France les laissait faire.

Le premier soin qui devait occuper les Représentants du parti républicain, c'était donc l'organisation de leur victoire, non une organisation de terroristes, de sauvages, mais une organisation d'esprits sérieux, élevés et fermes. Les noms des Dupont (de l'Eure), des Arago, des Marie, des Marrast, etc....., ne semblaient-ils pas devoir inspirer une confiance aveugle, pour ainsi dire, au parti qui les avait acceptés depuis lontemps pour chefs de file?

Que s'en suivit-il?

Au point de vue social, le Gouvernement s'abstint de toucher au droit civil, si l'on excepte l'impôt dont il voulut frapper les créances hypothécaires. Il n'en fut point de même du droit public et du droit pénal.

Par une série de décrets successifs, mais dont nous négligeons l'ordre d'émission, le Gouvernement provisoire abolit l'esclavage de nos colonies et les titres de noblesse. Il proscrivit le principe du cumul et affranchit, d'une manière absolue, les fonctionnaires de l'obligation déconsidérée du serment. Quant à la solidarité nationale relative à l'existence par le travail, le Gouvernement ne posa point de loi-principe à proprement parler : il se borna à réduire le temps du travail, à créer des ateliers nationaux et des bureaux de renseignements et de placement. A ces deux dispositions, plus spécialement administratives, vint s'ajouter, avec sanction pénale, la prohibition du marchandage. Le système des banques fut élargi et le travail des prisons suspendu. Les réformes du Gouvernement provisoire dans l'enseignement se résument, pour ainsi dire, dans la création d'une école d'administration. L'impôt des 45 centimes, celui sur les créances hypothécaires, le dégrèvement de l'impôt du sel, et quelques autres dégrèvements, résument à peu près les innovations principales du Gouvernement provisoire en matière d'impôt.

En droit pénal, l'abolition de la peine de mort en matière politique, de la contrainte par corps pour dettes, de l'exposition publique, celle des peines de la bouline et de quelques autres spéciales à la marine, telle fut la révision pénale du Gouvernement provisoire, à joindre l'abrogation des lois de septembre.

En procédure, la loi des annonces judiciaires fut abrogée.

Force est bien de le dire, tout en reconnaissant les tendances progressives du Gouvernement provisoire et les nécessités au milieu desquelles il se trouvait : à part ce que ces innovations contiennent de plus spécialement administratif, qu'était-ce que ce gouvernement qui se disait empressé de remettre ses pouvoirs aux mains des futurs Représentants de la Nation et qui légiférait d'une manière dictatoriale ? Ou le Gouvernement voulait réformer dictatorialement, en vainqueur conscient de la légitimité de sa victoire, ou il n'osait assumer cette responsabilité. Dans le premier cas, qu'était-ce que cette législation décousue, fragmentée, successive ? La responsabilité de la position acceptée, il fallait opérer une réforme systématique, libérale, révélatrice de la force intelligente et au niveau de la science et de la critique modernes ; dans le deuxième, la responsabilité déclinée, il fallait s'abstenir tout-à-fait en dehors de l'administration provisoire. Or, ce caractère d'administration provisoire n'appartient ni au fond, ni à la rédaction des décrets que nous venons de rappeler. L'abolition de l'esclavage ne l'avait assurément point. L'abolition des titres nobiliaires, était-ce chose si urgente? Et cette école d'administration dont les créateurs se distribuaient avec tant d'empressement les chaires, eux qui avaient déjà une tâche assez lourde?... eux qui n'étaient point, tous, préparés par des études spéciales, à moins de prétendre à la science infuse? Et l'enseignement primaire et secondaire dont on ne prenait le moindre souci! Et cependant cet enseignement, véritable anachronisme dans une république au XIXe sciècle, provoquait une réforme radicale bien autrement importante pour l'inauguration de l'ère nouvelle. On le voit: à toutes ces réformes manque une pensée systématique d'organisation, et aux réformateurs, la résolution de leur position. Peut-être, y avait-il un terme moyen à prendre entre une dictature législative que d'ailleurs les circonstances n'eussent point justifiée, et une abstention qui compromettait l'avenir: c'était de convoquer à un travail préparatoire de réfonte législative plus ou moins étendue, tous les hommes spécialement connus et signalés aux avant-postes de la science, sauf à aviser à la ratification définitive de l'œuvre achevée. On eût ainsi mis à profit un temps qui a été perdu, obtenu les lumières d'hommes spéciaux qui ont été également perdues; on eût évité de venir tomber, comme on l'a fait, dans l'ornière des commissions parlementaires, des amendements et des sous-amendements, dont le passé avait démontré la stérilité, et, au lieu d'une constitution flanquée de lois successivement additionnelles et devant, par là même, contraster inévitablement avec l'esprit de la loi fondamentale, on eût obtenu une loi unitaire dans sa codification et dans son esprit, une œuvre qui eût pu faire la gloire de l'avènement du républicanisme au pouvoir.

A un autre point de vue social, il y avait toute une révolution morale à opérer dans l'esprit de la nation sous le coup encore des influences qui l'avaient travaillée 18 années durant, révolution urgente et de laquelle dépendait tout le succès de la nouvelle révolution politique : c'était de substituer à l'ancien esprit d'égoïsme et de coterie, un esprit d'émulation et d'honneur, et, comme on ne fera jamais passer subitement une société pas plus qu'un homme, d'un état de démoralisation à l'état de moralité et de dévouement, il fallait surtout déployer une grande habileté pour faire tourner l'égoïsme au profit de la société en déplaçant les buts de l'intérêt individuel. Cette révolution se rattache aux suites administratives de la victoire de février.

Les élections des dernières années du règne déchu avait révélé numériquement l'état respectif des partis ainsi que la puissance des influences exercées par les classes supérieures sur les classes moyennes : l'extension révolutionnaire de l'électorat allait bien apporter quelque modification au passé ; mais sans une habile direction, tout le nouvel élément n'allait-il pas retomber infailliblement sous les mêmes influences ? Dans les grands centres, à Paris surtout, on ne comprendra jamais l'état des masses rurales.

Nonobstant, que se passa-t-il ?

Les Républicains s'empressèrent de couronner leur victoire administrative ou politique, en proclamant le Gouvernement républicain. C'était bien.

On convoqua ensuite la nation à des élections sur l'échelle la plus large. Les hommes du journal *le National* parurent ici avoir clos et consommé le premier acte de leur mission, et quelques-uns, se retirèrent derrière la toile, inspirés par une pensée plus ou moins personnelle.

Mais ce n'était pas assez pour la consolidation de la République naissante, que d'avoir remis une arme dangereuse entre des mains inhabiles à s'en servir : l'initiation du nouvel élément à la vie politique était à préparer, sous peine de voir remettre en question la possession du terrain conquis. Qu'allait-ce être encore si ceux que le Gouvenrement provisoire investissait de sa confiance, devaient jeter en brouillons, le désordre au camp? A coup sûr, rien n'est plus blâmable que l'invasion de la corruption gouvernementale dans les élections, et cette invasion sera toujours un signe avant-coureur de chute infaillible, plus ou moins prochaine. Dans les temps ordinaires, le Gouvernement sera d'autant plus fort qu'en dehors de toute corruption, il pourra s'abstenir complètement. Mais, au sortir d'une révolution, lorsqu'il s'agit de consolider une victoire toute fraîche, de prémunir une armée inexpérimentée contre les embûches habiles de l'ennemi, ne plus s'occuper des siens, laisser sans plus de souci l'ennemi crier sur tous les airs et sur tous les tons : « Embrassons-nous et que cela finisse! » c'est le moyen de n'en pas finir du tout, ou plutôt d'en finir promptement avec sa victoire.—Autre théorie rouge, voire écarlate! n'est-ce pas?— Non, théorie de 1815; théorie du 10 décembre; théorie du vainqueur de tous les temps et de tous les lieux, qui voudra consolider sa victoire, parce que cette théorie n'est que la traduction de la loi inhérente à la nature des choses.

L'inauguration de l'ère nouvelle allait se produire par deux voies :

par la réorganisation du personnel administratif à qui la pudeur la moins difficile ne permettait point de se dévouer à l'œuvre nouvelle ;

par l'organisation des comités et la propagande privées, qui allaient prémunir les masses contre les influences passées.

Suivons la marche de cette double inauguration.

La réorganisation du personnel administratif fut une véritable invasion qui traversa les ministères pour s'abattre de là sur les départements. On laissa de côté des hommes sérieux et graves que l'on avait à côté de soi, pour expédier aux quatre coins de la France bon nombre d'hommes sans plus de consistance que d'expérience administrative. De petites camaraderies s'organisèrent, républicains ou non-républicains tous ensemble, et on ne sortit plus de là. Ce fut la poule d'eau qui se cache la tête sous l'herbe pour ne plus voir le chasseur qui la poursuit. Il fut tels arrondissements à qui les nouveaux camarades, de parole souvent intraitables, donnèrent bien les camarades de leurs camarades, mais de républicains point, et même de libéraux de foi sérieuse, pas davantage. Les fameuses circulaires se succédèrent. Elles poussaient d'un côté, et les camarades des camarades poussaient de l'autre. La désorientation fut complète. Et le Gouvernement ne s'occupa plus davantage de la manière dont en usaient, loin du centre, ceux aux mains de qui avait été remise une toute-puissance devenue impuissance entre leurs mains. Tous ou la plupart de ces commissaires de se regarder législateurs révolutionnaires de science infuse, et de croire faire assez pour la République et la Patrie que de mijoter leurs petites candidatures sans plus de souci. Plus tard, le Gouvernement comprit où tout cela l'avait mené : il songea alors à envoyer des commissaires cette fois-ci vraiment extraordinaires, mais de telle sorte et en tel temps que sa velléité tardive et ébruitée retourna contre lui.

Quant aux comités, qui furent le plus souvent des clubs, on en fit, dans tels endroits, le parti républicain surtout, l'objet d'une expérience toute nouvelle : on les organisa en jeu de casse-cou à l'usage des siens qui n'entraient point dans les petits paquets de candidatures arrangés sous le manteau de la cheminée, et souvent le chef-lieu prit à tâche d'enlever toute spontanéïté aux arrondissements, voire de les désorganiser. Passe un candidat ; tombent les légions ! L'intrigue eut sa prime qu'elle ne lâcha point ; les trahisons eurent même la leur, et les légions de tomber. Et les républicains de bonne foi de regretter de s'être laissé fourvoyer dans des milieux aussi peu républicains de fait, ou aussi inintelligemment républicains.

Cependant, les partis déchus furent d'abord effrayés. Mais, bientôt, témoins assez étonnés des marches et des contre-marches transcendantales dont leurs adversaires leur donnaient le spectacle *gratis*, ils se ravisèrent, se moquèrent, se resserrèrent, s'encouragèrent et attaquèrent d'ensemble l'ennemi imprévoyant. Celui-ci abandonné des incertains qu'il n'avait su retenir à lui, et des siens que, lui-même, avait désorganisés; ne pouvant plus faire qu'une vaine et piteuse résistance, la propagande démoralisante reprit ses grandes allures d'autrefois, prêcha jusqu'à la décentralisation fédérative, et procréa les alliances les plus étourdissantes. Bref, l'ennemi, l'ami aidant, eut la douce satisfaction inespérée de voir la déroute complète dans le camp du vainqueur.

On était près du 10 décembre, qui surprit moins par son imprévu que par l'imprévu du nom qu'il inaugura, et les républicains n'eurent plus qu'à céder la position un moment conquise. « Embrassons-nous, et que tout cela « finisse ! » Et on s'est séparé en criant, à droite : « Vive la « République jusqu'à quand ! » à gauche : « Vive la Répu- « blique démocratique et sociale ! »

Sans doute, le Gouvernement provisoire a été entouré d'obstacles et de difficultés. Il faut avoir vu Paris et ses agitations prolongées longtemps encore après Février, pour se faire une idée telle qu'elle du milieu que lui firent les circonstances. Faute d'une organisation municipale, les clubs retentirent des théories les plus inimaginables auxquelles souvent ne manqua pas le talent d'exposition, mais qui décélaient une complète inintelligence des institutions et des rapports sociaux autant que l'absence d'un programme systématique sérieux. Partant de certains vices flagrans de nos institutions, on y renouvela cette puérile utopie de l'état de nature, pour ne point dire de sauvagerie humaine, utopie dont on tira nombre de conséquences. On parla encore, remarque avec raison une brochure à laquelle nous avons déjà fait allusion, de manière à faire naître et à entretenir dans l'esprit des ouvriers adonnés au travail matériel, le sentiment que c'est leur travail seul qui mérite ce nom et en possède les droits. Certaines rumeurs sourdes qui ne furent pas toujours aussi pacifiques que ces idées, circulèrent, et ne manquèrent pas d'être exploitées de manière à jeter l'effroi dans les départements. L'ennemi renversé craignit peut-être; au moins joua-t-il bientôt de toutes ses pièces. Plus la réaction montait de ton, plus les agitateurs grossissaient le leur, ne comprenant point, ceux-ci, qu'ils gâtaient la cause commune par leur irritation et leur véhémence; ceux-là, qu'ils accumulaient sur eux des orages terribles en ne profitant pas des leçons du passé, et plus enclins que jamais à retomber dans les mêmes fautes. Jusqu'aux intérêts de localité qui voulaient aussi qu'on s'occupât d'eux ou plutôt de leurs chevaux avant leurs personnes. Tout cela, certes, ne fut pas mince tâche. Mais, tout en faisant au Gouvernement provisoire sa juste part, il faut aussi convenir qu'il ne sut point reconnaître décidément le terrain, y prendre position et s'y fortifier. Les ministères surtout, plus encore peut-être que le Gouvernement provisoire, méritent ce reproche, et c'est leur faute qu'aujourd'hui le pays entier expie.

— « Ne voilà-t-il pas ce républicain rouge retombant sur « les siens, et frappant à droite et à gauche, devant et « derrière? » — « Pourquoi, entends-je d'autres dire, nous « mettre ainsi à découvert? » — Afin que vous-mêmes qui m'adressez cette dernière question, voyiez, réfléchissiez et profitiez, si le Pays, lui-même, repassant dans son esprit l'histoire des priviléges et des privilégiés de tous les lieux et de tous les temps, a le bon sens, lui aussi, de profiter de tout ce qui se passe sous ses yeux, et de faire la juste part des fautes et des obstacles survenus, mais aussi celle des tendances des hommes qui, échos de Mirabeau, lui crient depuis longtemps: « Assez de priviléges et de privi-« légiés! Assez de guerres civiles à cause de ces privilé-« giés et de leurs résistances égoïstes! Il est temps que les « nations cessent d'être faites pour les gouvernants et que « les gouvernants commencent à être faits pour les na-« tions. » L'épreuve aura été rude; mais elle ne l'aura pas été trop si elle pouvait profiter à tous, ce qui est pour ainsi dire impossible, malheureusement! mais au moins si elle peut profiter au plus grand nombre.

§ V.

Du socialisme, du légitimisme et du conservatisme ou *parti de l'ordre.*

Socialisme, ce serait, si l'on était assez simple pour en croire certaines classes: hostilité implacable contre l'ordre social; destruction de la famille et de la propriété, blasphémation de la religion et autres airs de ce genre (*).

Mais le légitimisme? Ah!... Mais le conservatisme? Oh!...

Il serait temps cependant de s'entendre un peu sur les choses et les mots.

On aura remarqué que nous n'avons point prononcé les mots démocratie et démocrate. Ces mots impliquent le

(*) Socialisme, remplace aujourd'hui cet autre cri de guerre: républicanisme, toléré aujourd'hui par les aristocraties dans sa nouvelle transformation de: républicanisme honnête, c.-à-d. républicanisme de laisser-faire. C'est déjà quelque chose! Espérons un prochain et même sort au mot socialisme, pourvu que, lui, ne laisse point faire.

point de vue administratif ou politique par opposition à monarchiste, etc..., à la différence des autres : socialisme, conservation (quoiqu'aussi conservation soit aussi appliqué suivant le point de vue à l'état administratif), etc..., lesquels se rattachent au point de vue des rapports sociaux, en tant que régis par le droit privé, le droit public et le droit pénal d'une nation. — Or, nous ne nous occupons, dans ce §, que de ce dernier point de vue.

République, républicain présentent bien une nuance complexe ; mais ne nous arrêtons point sur des détails philologiques qui retarderaient notre marche.

Rapprochons donc, au point de vue des rapports sociaux (par opposition aux rapports administratifs ou politiques), les mots conservation, légitimité, socialisme et leurs nuances : conserver, conservateur, conservatisme ; légitimiste, légitimisme ; etc..., ainsi que les éléments ou partis caractérisés par ces mots.

Conserver, c'est rester immobile ; ne point se préoccuper des abus, ou, en bon français, les conserver ; mais surtout, pour les gens à priviléges, ne point céder un pouce de terrain, sinon à la force, la force qui est le droit, l'équité, la justice, la fraternité pour le conservateur ; je me trompe : le conservateur n'a-t-il pas effacé de son drapeau le mot *fraternité ?*

Légitimisme, c.-à-d. ensemble des légistimistes ou des idées légitimistes ; parti légitimiste, et aussi ensemble des idées et des doctrines de ce parti, ce mot, au moins, rend hommage à l'idée de la justice, du droit. Il tranche opposé à conservatisme, conservateur quand même, conservateur légitimement ou illégitimement ; — mais reste la manière dont il faut entendre la légitimité. Le droit de la légitimité n'est autre que les théories d'inégalité des impôts ; d'inégalité des conditions ; les théories de priviléges des personnes et des terres ; celles d'inégalité d'application des peines ; etc.... ; bref, c'est l'état ancien que nous avons vu renversé par les bourgeois et le peuple de 89 ; c'est la loi du droit d'aînesse, du sacrilège, etc., dont la révolution de Juillet vint empêcher la Restauration de doter le Peuple français ; c'est le droit d'une cour splendide et de courtisans entretenus à grand renfort de gros budgets payés par le peuple sans profit pour lui. Tout cela, c'est pur droit divin, droit annoncé, sinon par le Christ, au moins par quelqu'Anté-Christ. On voit ici que, pour s'entendre sur les mots, il ne s'agit que de s'entendre sur les choses. Et nous nous entendrons si nous opposons au mot légitimisme un autre mot.

Et ce mot..., ce mot... C'est socialisme ! C'est, à part certaine nuance administrative que nous pouvons négliger, comme si vous disiez, mais d'une manière moins tranchée à cause de cette dernière nuance : républicanisme. Société, société politique ou nation, c'est l'ensemble des rapports unissant un nombre plus ou moins considérable de citoyens dans une communauté de destinée et de lois d'évolution. Social, socialité expriment la qualité, concrète ou abstraite, propre à un élément donné, de concerner la société, de s'y rattacher par un certain côté. Socialiste, c'est, dans le sens propre, celui qui puise ses inspirations, ses tendances ou aspirations, ses croyances, ses convictions dans l'observation, l'étude et la connaissance de la nature de la société et de ses éléments : de la nature des intérêts de ces mêmes éléments ; dans la meilleure et la plus profitable combinaison, de ces intérêts, et non dans des considérations en dehors de la société, étrangères à la nature, à son rôle, à son but, non plus que dans des intérêts individuels, égoïstes, ou dans des intérêts particuliers de castes. Socialisme, c'est l'ensemble soit des inspirations, des idées, des tendances, des connaissances, des convictions de l'ensemble des penseurs socialistes, soit l'ensemble des socialistes, le parti socialiste ; bref, c'est le *libéralisme* de l'avenir. Socialiste est à socialisme ce que républicaniste, si ce mot était français, serait à républicanisme (*).

C'est ainsi que les socialistes, voire des plus socialistes, ont compris et défini, eux-mêmes, le socialisme, en le distinguant bien de leurs propres utopies plus ou moins irréalisables. « Le socialisme n'est pas une doctrine. En « principe, c'est une aspiration immense, irrésistible, « vers un Ordre social..., » je termine la définition en généralisant les expressions finales de l'auteur : vers un ordre social ou des réformes, des améliorations sociales qui répondent mieux, plus complètement et plus efficacement aux divers besoins sociaux ; qui remédient mieux, plus complètement et plus efficacement aux diverses souffrances sociales, aux divers vices sociaux.

Quoi d'étonnant que le socialisme ait provoqué telle ou telle utopie ; des utopies plus ou moins sérieuses ou extravagantes ; plus ou moins légitimes par organisation *à priori*, plus ou moins illégitimes par substitution plus ou moins directe, violente, à des circonstances légitimes ? Et, à cause de ces utopies, produits d'imaginations plus ou moins incandescentes, socialisme, c'est la bête noire nationale ? C'est absolument comme si l'on condamnait la chirurgie à cause des mauvais chirurgiens ; la philosophie à cause des systèmes plus ou moins faux qui se sont produits à l'abri de son nom ; la religion, à cause des hérésies et des mauvais dévots ; etc.

Dans une brochure, qui nous a fait mal à lire, parce que, sous un voile de foi puritaine, perce le scepticisme et la sécheresse du dogmatique et du personnalisme ; parce que sa conclusion arrogante et méphytique se réduit à celle-ci : restauration du passé, nous avons lu un passage sur l'abus des principes évangéliques de la part de certains

(*) « *Isme* est le mot grec *ismos* qui signifie science, etc... » (FONTANIER, *La clef*, etc..., p. 150.) *Iste*, donne donc : qui sait, savant (*isêmi*, je sais, je connais). Cf. ROUBAUD, *Syn.*, v° Juriste, éd. 1796.

utopistes. Soit. Mais pourquoi un homme de la valeur de l'auteur se préoccupa-t-il si peu de faire passer ces purs principes dans les faits, alors qu'il en avait la toute-puissance ? C'eût été le moyen le plus efficace de prévenir l'abus contre lequel il s'indigne aujourd'hui.

Protestons donc énergiquement contre l'abus que les véritables ennemis, au fond sinon en la forme, de la justice, du droit, de l'humanité, du progrès essayent de faire du mot socialisme. Ayons le courage d'une noble action en adoptant un noble nom. A un nouvel état social plus parfait et plus social que les précédents, il fallait, comme à toutes les choses et à toutes les idées nouvelles un nom nouveau. Et ce mot est : Socialisme ! Cri de guerre, si vous voulez la guerre ; cri de paix, si vous voulez la paix. Socialisme est et restera la bannière revendiquant seule la devise : *liberté, égalité, fraternité,* dans les limites relatives et progressives de sa réalisabilité pratique.

Et d'où le progrès pourrait-il sortir ailleurs que du socialisme ? Pensez-vous que la nature aille changer ses lois au profit de quelques hommes ? Le grain de froment produit le froment et produira toujours le froment ; l'ivraie produit l'ivraie et produira toujours l'ivraie. C'est la loi du monde, la loi universelle. Or, voulez-vous savoir ce que produiraient les partis, supposés appelés demain au pouvoir ? Jugez-en à leurs œuvres passées, et votre jugement pour l'avenir sera un jugement infaillible.

Or, qui, en 89, alors que le timide et incertain Louis XVI disait : « Il n'y a que moi et M. de Turgot qui aimions « le Peuple ; » qui, dis-je, voulait l'inégalité des citoyens devant la loi : inégalité des impôts ; inégalité héréditaire ; inégalité dans l'admissibilité aux emplois ; inégalité des peines pour des coupables de mêmes crimes, mais appartenant à des classes différentes ? Qui, sous la Restauration, imposait la France d'un milliard au profit des classes qui convièrent jadis l'étranger à se ruer sur notre belle patrie; demandait l'inégalité de droits héréditaires entre les enfants d'un même père et d'une même mère; etc....? Les classes nobles, à part quelques honorables et généreuses exceptions. Que peuvent aujourd'hui désirer, espérer, vouloir ces mêmes classes; ces classes qui ont conservé leurs vieux instincts de supériorité sur les classes roturières; leurs instincts de mésalliances; leurs instincts répulsifs de fusion égalitaire dans les réunions publiques, si ce n'est la restauration de leurs anciens priviléges dans les extrêmes limites que comporteraient les circonstances?...

Qui a organisé et proclamé officiellement, en France, le système de corruption gouvernementale? Qui a donné tous ces scandales de trafics financiers? Qui votait aveuglément tous les fonds secrets? Qui s'est constamment opposé à toutes diminutions d'impôts: impôts sur le sel, impôt postal et tant d'autres? Qui a proclamé l'intérêt du clocher de la paroisse pour exploiter les paroissiens et la France? Qui s'est constamment opposé à toutes réformes: réformes des gros traitements et des sinécures; réformes si salutaires de l'organisation judiciaire; réformes dans l'exclusif du privilége électoral; réformes d'un enseignement, le contrepied, pour ainsi dire, des besoins de l'époque et des classes secondaires? Qui a prêté la main à la violation des lois par l'hypocrisie logique? Les conservateurs; ces hommes dont l'un des coryphées disait à l'autre, alors qu'un intérêt commun ne les réunissait pas (et probablement! de tels hommes comprenaient la portée de leurs paroles!): « Vous « avez deshonnoré la France! » et à qui l'autre ripostait: « Et vous, vous l'avez ruinée! »

Qui nous a fait ce que nous sommes, nous, roturiers et vilains? Qui a posé le germe de l'émancipation de ceux que l'ignorance retenait et retient encore dans les couches inférieures de nos sociétés? Nos pères de 89, les vrais socialistes du XVIIIe siècle. — Qui, en Février, a proclamé l'émancipation des esclaves de nos colonies? Qui a voulu épargner à l'humanité le dégradant spectacle de l'exposition publique ? Qui a proscrit d'indignation ces peines de la bouline et autres que subissaient, dans les marines royales, nos courageux et braves marins ? Qui a eu souci, stérile, il est vrai, parce que la question n'était point mûre encore, des améliorations que comportent très pratiquement et très certainement la condition et le sort du travailleur, et que l'avenir doit inévitablement apporter à celui-ci ? Qui a dégrevé le peuple de l'impôt du sel, de l'impôt postal ? Qui a dit au Peuple : « Toi, Frère ! laisse-là ton fusil, et « viens avec nous. Tu te plains ; nos Gouvernants ne son- « gent pas à toi ; tiens ! prends ce papier et cette plume. « Tu vois les hommes que cherchent à t'imposer ceux qui « t'exploitent ; tu vois ceux qui ont jusqu'ici défendu tes « intérêts ; choisis entre les uns et les autres. Et celui que « tu auras jugé le plus digne de ton mandat, écris son nom « sur ton bulletin, qui, réuni à celui de tes frères, te rendra « fort contre l'ennemi. Tu te tromperas une fois, deux fois, « plus encore. Plus tard, tu découvriras tes erreurs, et « sauras les redresser. Un morceau de papier et une plume « produiront un effet bien autrement sûr que le fusil qui « ne devrait servir que contre l'étranger. Car un aveugle « ou mauvais frère est toujours un frère ! » A qui devons-nous cela ? Aux fidèles enfants de leurs pères de 89 ; aux hommes qui ont entretenu, généreusement et souvent à travers des rudes épreuves, le feu sacré sur l'autel de la Patrie ; aux républicains désormais socialistes. Car que serait le républicanisme politique sans le républicanisme social, si ce n'est un moule nouveau dans lequel seraient refondus plus vivaces que jamais les vieux abus et les défroques des vieux privilèges ?

Comparez maintenant, et jugez !

Hommes et partis qui vous débattez d'impuissance à l'approche incessant de l'esprit nouveau, et vous agitez sans autre boussole que votre courte vue, votre suffisance et vos chétives et piteuses passions, vous avez cru crier : au loup ! à la bête noire ! en criant derrière nous et à nos pieds : « Socialistes ! » L'homme de paix se retourne avec calme et vous dit : « Oui ; mon frère ! Je suis socialiste, et « puissiez-vous, un jour, le devenir comme moi à votre « honneur et gloire ! »

§ VI.

Des conséquences logiques de Février.

Que Socialisme soit une devise de ralliement des hommes de cœur et de pensée, nous l'avons dit. — Mais socialisme, tendances socialistes et révolution sociale ne sont point mêmes choses, comme nous l'avons dit encore. Le socialisme peut, au milieu de circonstances données, apparaître à l'état de réclamation d'améliorations sociales, d'améliorations partielles, de détail. Il peut, d'autres circonstances données, se produire à l'état d'aspiration d'une révolution complète, rénovatrice, pour ainsi dire, comme le fut la révolution de 89.

Quel est l'état de la question dans l'état actuel de notre France ?

Distinguons :

les institutions de droit civil, de droit public et de droit pénal ;

les mœurs ;

l'organisation administrative ou politique.

Février a accompli une révolution administrative plus ou moins complète ; mais enfin d'une monarchie héréditaire, à électeurs privilégiés et à chambre aristocratique, la France a passé à un régime républicain, d'ébauche ou de germe démocratique. Le temps et les idées apporteront leur progrès; mais, pour le moment, il est question de consolider, de *conserver* (au moins ici les Républicains et les Socialistes sont conservateurs) le système actuel et d'en tirer ses conséquences naturelles dans les institutions à organiser, plus encore qu'à modifier immédiatement et moins encore à révolutionner.

Nous disons consolider, tirer des conséquences et modifier, en supposant que la République tienne, ce dont nous ne nous porterions point garant. Mais que l'on y prenne garde ! Ce n'est pas assez que le fait de victoire, de victoire momentanée. Il faut qu'une victoire soit définitive, et il n'est point d'homme sans préventions, qui ne lise dans le passé dans toutes les agitations européennes du présent, la loi de l'avenir. Et cette loi n'est certes pas la loi du despotisme. Nous entendons répéter souvent que le Français n'est point fait pour être républicain. C'est mal s'exprimer. Il faut dire : On n'a rien fait pour le rendre républicain ; on a fait tout, au contraire, pour l'empêcher de le devenir. Mais dire : *Nous ne sommes* point faits pour être républicains, c'est, à mon sens, le dernier degré d'abnégation de la dignité humaine ; c'est de la propagande pure de démoralisation. Que tous les hommes de cœur et de pensée élevée ; que nos hommes d'état surtout disent : « Nous sommes, de fait, républicains ; devenons morale« ment républicains ; veuillons fermement le devenir ! » qu'ils donnent l'impulsion, et les nobles instincts ne feront pas défaut à la France. Après tout, ne calomnions point Dieu en désespérant de la nature humaine, parce qu'une génération a sucé de mauvais lait !

Ici, les éléments des luttes adminitratives ne sont plus dits : socialistes, conservateurs (quoi qu'il y ait conservation administrative; mais sans plus de criterium), etc... ; mais démocrates (et aussi républicains), et non-démocrates, c.-à-d. attachés à des individualités distinctes de la nation dans sa plus haute synthèse, et de nature diverse : individualités monarchiques (de diverses nuances) ou polyarchiques (aristocratiques; oligarchiques), individualités pratiquement complexes dans leurs éléments.

Quant aux mœurs, le Gouvernement provisoire, c.-à-d. les représentants du parti républicain ont manqué complètement leur œuvre. D'un état social labouré par un long règne de démoralisation gouvernementale, Février avait à faire passer la société, au moins la jeunesse, telle qu'il la trouvait, à un état d'émulation dans une voie et vers un but généreux, élevés, sociaux. On ne pouvait espérer substituer, sans transition, le dévouement à l'égoïsme ; mais il fallait déplacer le but de l'égoïsme; stimuler cet égoïsme lui-même, et le diriger de manière à le faire concourir à l'œuvre nouvelle. Il fallait enfin faire appel à la capacité, aux antécédants, sans distinction de rangs et sans égard à aucune considération étrangère. On attribue à Washington cette recommandation : « Prenez des *gentlemen;* ce sont « les plus sûrs comme les plus capables. » Cette recommandation, pour être appréciée, demanderait d'abord à être rapprochée de toutes les circonstances de temps et de lieux, dans lesquels elle aurait été faite. Mais Washington l'eût-il faite, l'eût-il posée en principe d'une manière absolue, nous n'hésiterions pas à la condamner comme impolitique ; comme attentatoire à la condition égalitaire des citoyens devant la loi; comme anti-sociale, en ce que la plupart des emplois devraient être pour la société un de ces moyens à rattacher au système de l'organisation du travail, ce qui vaudrait mieux que la stérile et dégradante aumône. Non; il ne faut point que le train clinquant d'une famille constitue un titre de préférence ; mais, au contraire, le dénûment de la famille recommandé par la capacité, la probité et la régularité morale de chacun de ses membres. Donner une place, qui n'est que lucrative, à une famille qui a plus qu'à suffire, c'est voler, je ne cède rien sur le mot, c'est voler, dis-je, celles qui n'ont point le nécessaire ; c'est, de plus, impolitique pour un gouvernement qui veut régénérer une nation, et se consolider en se rattachant les masses hésitantes et ouvertes à toutes les influences locales. Je suis loin d'exclure systématiquement par là les classes aisées et même riches ; au contraire. Mais je ne saurais concéder à ces classes aucune préférence privilégiée, aucune préférence privilégiée surtout pour les emplois plus particulièrement lucratifs. Exigez, d'ailleurs, que l'homme se recommande par lui-même, et son influence morale vaudra bien une influence d'emprunt. C'est précisément, en partie, pour avoir voulu enraciner en France la prétendue recommandation de Washington, que la Royauté de Juillet, qui, aujourd'hui, reconnaît explicitement, par la plume de son ex-ministre, cette recommandation comme l'expression de son esprit gouvernemental, est tombée en Février.

Ç'avait été trop, beaucoup trop que 18 années de camaraderie de *gentlemens* roturiers dans le recrutement des emplois publics ; mais retomber d'une camaraderie dans une autre, tomber d'une camaraderie dorée dans une camaraderie démocratique, pour ne point employer une autre forme paronymique de cette épithète, la chute était lourde, écrasante. C'est ce qui arriva cependant. Paris ne sut que garder, sans même les utiliser, ceux qu'il devait envoyer aux départements, et l'administration départementale perdit tout prestige attractif ; la jeunesse française ne sut plus à quel saint se vouer, pour employer une locution vulgaire, et l'œuvre est à refaire.

Et cette œuvre, c'est l'aspiration du socialisme, ou, si vous voulez, du libéralisme sérieux, pratique, du XIXe siècle. Ce sera plus, il faut l'espérer : cette œuvre sera son œuvre. Que les partis de résistance se le tiennent pour bien dit : tous leurs efforts en sens contraire ne feront qu'en hâter la réalisation, et plus énergique sera la résistance, plus brutale sera la catastrophe. Signaler la loi, l'événement, je le répète encore, ce n'est point l'appeler, le hâter ; c'est en craindre les accidents, c'est s'efforcer de les prévenir, de les détourner. Mais l'histoire a-t-elle toujours instruit les partis et leurs passions égoïstes ?...

Nous arrivons à la question vivace du moment, question brûlante pour celui qui écrit, comme le foyer de lumière pour l'insecte qu'il attire.

Détachons cette question dans un § spécial ; mais auparavant consignons un rapprochement philologique.

Notre langue, bien peu précise dans les sciences, est encore plus élastique quand elle se forme sur le terrein des partis. Les mots perdent bientôt leur sens propre pour revêtir un sens relatif, arbitraire, d'emprunt. Ainsi : légitimité, ordre, etc...

Réformistes, insurgés, révolutionnaires, nous fournissent une autre application de notre remarque. Dans la langue usuelle, ce sont tous synonymes de républicains, de démocrates, quelque chose comme brigands. La langue légitimiste n'a jamais appelé insurgée Mme de Berri, alors qu'elle parcourait la Vendée. Les légitimistes répudieraient le qualificatif : révolutionnaires, s'ils ramenaient demain Henri de Bourbon. Pruderie de mots ! Au fond, réformistes, insurgés, révolutionnaires, n'impliquent aucune antithèse déterminative de *critérium* social ou administratif, mais seulement l'état d'un parti, tel quel, relativement au parti tenant en main le pouvoir au moment de l'attaque ou du renversement. Le parti républicain ne les a acceptés, lui, que sous bénéfice d'inventaire, c.-à-d. en tant que désignant, ainsi restreints, les réformistes, les révolutionnaires par excellence, les combattans pour la cause du Peuple dans sa plus haute hypothèse, cause à leurs yeux légitime et sainte entre toutes.

§ VII.

Le socialisme est-il en présence d'une révolution sociale dans les institutions de droit privé, de droit public et de droit pénal de la France de 1849 ?

Cette question est autant complexe que le sont les mille et un détails qui constituent l'état juridique actuel de la société française, et son examen sérieux ne serait rien moins que l'examen critique de tout notre droit. Un tel examen ne saurait évidemment rentrer dans notre modeste cadre. Mais notre travail serait incomplet si quelques exemples d'application ne venaient éclairer les courtes remarques auxquelles nous nous bornerons.

Déjà, une révolution immense a été accomplie, sinon pour la France artérielle, pour ces extrémités que vivifie le sang français. Le nom et le pavillon de la France n'abritent plus aujourd'hui l'esclavage antique. La Mère-Patrie n'a plus deux poids et deux mesures : un poids et une mesure pour ses enfants circonscrits entre l'Océan et la Méditerranée; un poids et une mesure pour ses enfants d'au-delà. Au moins, l'Assemblée nationale, en ratifiant une des premières inspirations du Gouvernement provisoire, aura-t-elle fait bénir, un jour, le nom français sur quelques points du globe, en disant, cette fois-ci avec quelque vérité, que la République française a pour principe l'égalité, l'égalité au centre, l'égalité aux extrémités (Const., IV). La révolution de Février fût-elle destinée à n'avoir que ce résultat, ce serait déjà un beau et grand résultat ! « Vous êtes frères ! »

A côté de cette révolution sociale proprement dite, quelques réformes sociales viennent dignement se grouper. Les passions politiques d'aujourd'hui ne pourront plus faire tomber une tête que demain pourrait voir couronner (C.,6).

Si l'Assemblée nationale a jugé devoir régler administrativement les réunions politiques, au moins aura-t-elle réhabilité un des droits les plus essentiels et les plus caractéristiques de la qualité de citoyen, celui de délibérer paisiblement en commun, le besoin échéant, sans avoir à redouter la main-mise du gendarme ou du sergent de ville (8).

En disant que « toutes les propriétés sont inviolables », l'Assemblée nationale a préservé les conservateurs fonciers, au moins pour trois ans, des conséquences de la sentence: « La propriété, c'est le vol. » A cela tienne, on pourra accepter comme candidat se présentant dans les termes même de la constitution, un *républicain honnête*, voire un socialiste.

L'Assemblée nationale n'a certes point là terminé l'œuvre de Février. On attendait plus d'elle, et elle-même semblait disposée à faire plus. Malheureusement, elle n'a point su accepter son rôle décidément. On est retombé dans la vieille routine des théories des pouvoirs constituants et des pouvoirs légiférants; des constitutions et des lois organiques; des amendements et des sous-amendements parlementaires. On n'a point su faire table rase, je ne dirai pas des institutions, parce que je dépasserais de beaucoup ma pensée, mais des vieux erremens et de ces vieux lambeaux de codification, les derniers calques ou copies des précédents d'autant plus défigurées qu'elles s'éloignent de l'original à un degré plus éloigné; on n'a point su organiser une œuvre d'ensemble, unitaire dans son esprit comme dans sa forme, et qui eût été le monument du XIXe siècle. Et il est arrivé de là que, le Code constitutionnel renouvelé des précédents vaille que vaille, avec moins encore peut-être de critique, à peine terminé, l'Assemblée s'est en quelque sorte vue contrainte à plier bagage et à abandonner à des successeurs inconnus la réalisation du reste des promesses qu'elle s'était réservée explicitement dans l'art. 115 de la Constitution, ainsi que l'interprétation des espérances déposées dans les art. VIII et 13.

J'ai dit : *de ses successeurs inconnus !* Quels seront-ils? Quelle sera leur tâche ?

Le Peuple dira bientôt quels seront les sucesseurs de nos constituants. — Mais, quels qu'ils soient, ces successeurs seront en présence de graves et sérieuses questions.

Nous disions plus haut que l'Assemblée nationale avait lié les mains de nos prochains législateurs quant à la question d'appropriabilité du sol, au moins 3 années durant. Mais enfin c'est quelque chose que les instincts et que les tendances, et peut-être ne serait-il pas inopportun de se poser cette question si l'inappropriabilité du sol est un principe inhérent au socialisme, la moëlle de ses os, le *sine quâ non* de la bête ?

La question a même été posée d'une manière plus absolue, par d'autres, il est vrai, que par l'auteur de la formule : « La propriété, c'est le vol. » — Partons cependant de l'absolu littéral de cette formule, et distinguons pour son examen critique :

la propriété des meubles ou mobilière ;

la propriété des immeubles, spécialement de la terre, du sol, ou propriété foncière, terrienne.

Comprenons bien d'abord que toutes les choses et tous les êtres ne sont pas également appropriables, politiquement et même philosophiquement. Ainsi l'esclavage implique l'appropriabilité de l'homme par l'homme, appropriabilité proscrite aujourd'hui par la philosophie et nos lois.

Quand on a demandé si la propriété, l'appropriation individuelle étaient philosophiquement légitimes ou illégitimes, la question a-t-elle pu porter bien sérieusement d'une manière absolue sur la propriété mobilière ? Les meubles destinés à la consommation individuelle : le mets qui doit nous nourrir ; le vêtemennt qui doit nous couvrir, ne peuvent produire leur utilité que par l'appropriation à un moment donné, appropriation qui produit l'état de propriété. Et comment l'animal que nous venons de saisir avec peine et danger, ne deviendrait-il pas nôtre ? Comment la provision que nous aurions faite d'un certain nombre de peaux pour le besoin futur, et le soin constant que nous aurions apporté à leur conservation, n'auraient-ils pas fait nôtre ce petit capital ? Etc... Nous concevons cependant une association d'abnégation individuelle à l'instar du cloître : le reclus n'a point à se préoccuper de pourvoir à ses besoins plutôt qu'à ceux des autres. Chacun produit ; une main supérieure perçoit, répartit et distribue. Mais peut-on bien sérieusement, pratiquement, songer à organiser une nation tout entière, que dis-je ? l'humanité, elle-même, sur un pareil type ? Outre les conséquences économiques qui pourraient résulter de là, ce serait, en échange d'une satisfaction individuelle plus que problématique, enlever à l'homme toute sa liberté d'action, les conséquences ou produits de son activité, toute spontanéité. L'échange présente trop de gravité. On conçoit une association volontaire se proposant un but de cette nature, devant se perpétuer plus ou moins longtemps, avantageuse aux associés et par là attractive ; mais, tout cela allât-il le mieux du monde, on ne saurait trouver dans les avantages d'un fait libre et volontaire, la condamnation de la vie individuelle, la négation de la légitimité de la propriété mobilière, et, par extension, de la propriété en soi, dans son absolu. Or, comment faire passer les sociétés résistantes, de la vie individuelle à la vie sociétaire sans violence illégitime, si l'appropriation de certaines choses par la vie individuelle a été légitime, des limites étant déterminées ? Et les temps sont loin de la monastérisation volontaire des nations et de l'humanité. Nous n'avons point à nous occuper ici des difficultés ou plutôt des impossibilités matérielles de réalisation, n'ayant de conclusion à tirer des considérations précédentes que celle-ci : il est des objets susceptibles d'une appropriation légitime. Y eût-il des valeurs inappropriables, la propriété en soi ne serait pas illégitime d'une manière absolue.

Passons au sol.

Les uns admettent son appropriabilité ;

d'autres ne l'admettent point, — mais sous des nuances plus ou moins absolues.

C'est une étude curieuse et même fertile en enseignements que celle des divers ou au moins des principaux systèmes qui se donnent rendez-vous ici : l'inappropriabilité absolue ou relative du sol en lui-même ; la désappropriation volontaire ou forcée ; forcée avec ou sans indemnité en capitaux non terriens ou en actions ; la désappropriation définitive ou subordonnée à la persistance volontaire des sociétaires. Mais cette revue critique ne peut rentrer dans un cadre qui comporte au plus les sommités de la question.

Une observation toutefois sur un système particulier qui se défend du communisme, tout en concluant à l'association communale par apport de la terre en tant que force productrice, en échange d'actions dans l'association. Sans doute, cette association est très compatible avec l'appropriation individuelle et la capitalisation non terrienne des produits du travail ; mais, si ces produits échappent à la communauté ou plutôt à la société, le sol n'échappe pas à une certaine communauté usufructuaire. Du reste, en réduisant ce système, comme il paraît aujourd'hui avoir des tendances à se formuler lui-même, à la libre et volontaire association des propriétaires actuels, il sort momentanément de notre question : la légitimité ou l'illégitimité absolues de l'appropriation du sol.

D'abord, il est difficile d'aller jusqu'à rejeter l'inappropriabilité du sol par les nations, à l'égard les unes des autres : le fait est là plus fort que les doctrines impuissantes à le changer. Voici déjà le sol reconnu appropriable, à moins de tomber dans une puérile rêverie de communauté, de société humanitaire du globe.

L'appropriabilité individuelle des nations acceptée, nous concevons des états ou rapports spéciaux, bien distincts, de propriété terrienne :

Etait-ce un état d'appropriation légitime, définitivement légitime, que cette appropriation de l'Afrique par quelque 5 ou 6 Romains ?

Etait-ce une appropriation légitime, définitivement légitime, que la répartition féodale du sol de la France au Moyen-âge ?

Est-ce une appropriation légitime que la transformation de capitaux mobiliers en capital terrien dans une société basée sur le principe du libre échange foncier ?

On voit du premier coup-d'œil l'immense distance de la première à la dernière question. — Les deux premières ont été résolues en fait, solution qui nous suffit ici.

Quant à la 3e, on a discuté plus ou moins sérieusement sur la légitimité des fortunes terriennes relativement à chaque propriétaire individuellement. Le fait est qu'arrivé à un certain morcellement, ce morcellement a servi de base à un état ayant sa légitimité, sinon absolue à l'égard de tous les propriétaires échangistes, au moins dans son ensemble, au point de vue de la généralité de la masse des propriétaires. Et, en dehors de cette généralité, vouloir, l'imperfection de l'humanité étant donnée, passer au crible tout acte individuel pour en induire à l'évolution générale des nationalités, ce serait, à part l'impossibilité pratique, se condamner à ensevelir la société sous le chaos de prétendus redressements qui produiraient inévitablement plus d'illégitimités que d'actes de véritable justice.

La critique inquisitive des fortunes privées écartée, revient notre question-principe, c.-à-d. l'appropriabilité ou l'inappropriabilité absolue du sol. Eh bien ! tel état économique d'une nation, étant donné, il est impossible de concéder que toute appropriation du sol soit essentiellement, nécessairement illégitime. Il est impossible d'admettre que, dans l'évolution d'une nation, là où tel use son activité dans les jouissances matérielles ou la débauche, fuit le travail, prodigue, sans plus de souci de l'avenir, les valeurs qui lui adviennent; que là ou tel autre déploie la plus grande énergie d'activité, se soumet aux plus rudes privations dans la prévision du lendemain, pourvoie à capitaliser d'une manière stable et même productive le légitime gain de ses sueurs; là où la capitalisation des produits s'est assise sur le morcellement et le libre-échange du sol par d'indéfinies et persistantes combinaisons; là où une active et puissante industrie a élevé sur le sol un autre sol, un sol de valeurs mobilières sur un sol de valeurs terriennes, les premières non moins considérables que les secondes, il est impossible, disons-nous, de conclure légitimement, honorablement, rationnellement, que toute appropriation du sol soit illégitime.

De même, il est vrai, que, tel état de société donné, nous concevons légitime un état économique de propriété terrienne; de même aussi, tel autre état de société donné, nous concevrions légitime un état économique assis sur le principe de l'inappropriabilité du sol. Ce dernier état, nous le concevrions constitué *à priori*, par ex., appliqué à nos colonisations africaines; organisé sur des domaines de l'Etat concédés par celui-ci à des associations emphytéotiques. Cet état économique et son fonctionnement pourraient ainsi constituer un état éminemment légitime et dont la violation constituerait une usurpation ou une violation illégitime, à part les conséquences économiques plus ou moins avantageuses de ce système, en tant que comparées avec les conséquences du système opposé, c.-à-d. du système d'appropriabilité du sol.

Mais conclure de là, d'une manière absolue, à l'illégitimité de *tout* état économique basé sur l'appropriabilité du sol, c'est nier l'évidence des faits, les enseignements de l'histoire ; disons : le bon sens. Et c'est pour n'avoir point assez compris que le droit des sociétés n'est pas fait tout d'une pièce, indépendant des milieux, que certains organisateurs utopistes ont échoué et provoqué contre eux une réprobation qu'au fond, ils n'ont pas toujours méritée. Leur faute a été dans l'exclusif de leur point de vue et de leur propagande.

N'est-on pas effrayé, rien qu'à y penser ! de ce chaos qui serait la suite inévitable de la proclamation de ce principe que nous prenons à la lettre pour le besoin de notre démonstration. « *La propriété* (foncière), *c'est le vol?...* » La désappropriation ne causerait pas en France une moindre perturbation qu'une famine affreuse, dont plusieurs années ne seraient point près de voir la fin. Quel déplacement économique de tous les capitaux et des instruments de l'exploitation agricole ! Quelles obstacles et quelles impossibilités de toutes sortes ne surgiraient point ! Où trouver assez d'organisateurs d'un système nouveau quand notre époque est si pauvre en modificateurs d'une machine qui fonctionne? Mais nous nous sommes arrêtés à ce point de vue plus comme complément de tableau que dans la pensée de combattre quelque chose de sérieux, et à peine pouvons-nous considérer autrement une transformation progressive, au moins tant que de profondes perturbations n'auront point bouleversé l'état économique de la France actuelle.

Socialisme et illégitimité de la propriété terrienne ne présentent donc aucune affinité nécessaire, l'un impliquant nécessairement l'autre, l'un dépendant nécessairement de l'autre. Et insister sur cette prétendue connexité, c'est appeler en aide aux intérêts égoïstes ou la mauvaise foi ou l'ignorance.

Mais si, en présence de certaines considérations précédentes, l'appropriation individuelle du sol peut s'organiser en système légitime, respectable, est-ce à cette condition que la société ne pourra dire au dernier venu sans plus de souci ? « Vous n'avez point votre place au soleil ? Eh bien ! « dansez ou chantez ! » Est-ce à cette condition qu'elle pourra lui dire avec Sganarelle : « Nous, les heureux du « siècle, nous avons bien bu et mangé de même. Or, nous « voulons et entendons, nous repus, que ventre affamé « soit content et satisfait ?... »

Ici, bien des systèmes encore se sont produits. On a encore proposé de sociétariser le travail d'une manière plus ou moins libre, plus ou moins dictatoriale ; de transformer la France, sinon en un vaste phalanstère, au moins en phalanstères communaux ; etc. Autant d'utopistes, autant de systèmes. Est-ce à l'un ou à l'autre de ces systèmes que s'attache la condition de la légitimité de la propriété terrienne ? Le socialisme implique-t-il nécessairement l'exclusif d'une harmonisation industrielle de ce genre sans affinité possible avec l'état de notre société actuelle ? — Non ; évidemment.

Mais allons-nous conclure de là que la question d'organisation du travail soit radicalement résolue ? Oh ! non, certes ; de beaucoup s'en faut ! Cette question est considérable et demanderait seule tout un livre. Elle présente tant de points de vue, tant de questions secondaires : questions sur l'organisation du travail dans ses rapports avec l'assistance publique ; questions sur l'établissement de bureaux municipaux destinés à stimuler la confection d'ouvrages privés, à constater les travaux ouverts et le besoin de travailleurs, afin de servir d'intermédiaire gratuit entre le travailleur inemployé et le capitaliste, propriétaire ou industriel ; questions sur l'assistance momentanée ou l'assistance permanente ; questions sur les caisses ouvrières soit d'assurances mutuelles, soit de retraite, soit autres ; questions sur des comptoirs divers ; etc. De l'organisation utopique, plus ou moins romanesque, à une organisation sérieuse, pratique, il y a loin sans doute ; mais moins loin encore, peut-être, que de cette dernière organisation à ce déplorable état actuel de nos diverses et insuffisantes institutions dites de bienfaisance. Combien croient avoir tout dit, en répondant avec une sorte d'insouciance : « Sans « doute; il y a à faire ! Mais que faire ? » Quoi faire ?... S'est-on occupé sérieusement jusqu'ici de ce qu'il pouvait y avoir à faire ? Votre aumône routinière est une aumône stérile ; une aumône hypocrite et mensongère, en ce qu'elle ne répond point réellement aux besoins que, vaniteusement, elle prétend soulager ; une aumône impuissante, par cela même qu'elle est et n'est qu'aumône, à produire d'autre résultat que celui de faire des dupes et d'entretenir la démoralisation de masses menaçant un jour de surgir en vous disant de leurs voix sinistres et caverneuses : « La propriété, « c'est le vol ! » Et vous savez comment le Peuple fait sa justice, lui ! Quoi faire ?... Il y a donc à faire ? Vous le sentez, le comprenez avec une sorte de découragement, d'effroi, et songez-vous à chercher ce qu'il y a à faire, à vous mettre à l'œuvre ? Imprudents ! qui ne craignez point, par votre résistance aveugle, de rendre légitime demain une proposition qui, aujourd'hui encore, est illégitime. Et cependant : « Vous êtes frères ! »

Ici, l'Assemblée nationale n'a fait que poser des germes d'espérances, germes féconds si le socialisme les réchauffe, germes stériles s'ils ne doivent être vivifiés que par les vieux partis.

Aux lacunes sociales que nous venons de signaler, se lie intimement la moralisation par l'enseignement. Or, quel est le rapport de l'enseignement actuel avec l'état économique de notre pays ? Peut-être nous jugera-t-on bien tranchant, bien suffisant ; mais ce point nous occupe depuis assez longtemps et sérieusement pour que nous n'hésitions point à dire hautement que notre enseignement est un contre-bon-sens en présence des besoins de l'époque. Quelle unité présente-t-il encore ? Mais ce sont là de ces questions qu'il ne faut que signaler quand on ne peut, sinon les épuiser, au moins en esquisser assez largement les points de vue principaux.

Est-ce un état moral, légitime, le dernier mot de l'organisation de la famille, qu'un état proscriptif du divorce et admettant la fiction : « Le mari, pendant le mariage, est « réputé le père des enfants de sa femme, quand même ? » A moins que le mari ne s'expatrie au-delà des mers pour se punir, lui non coupable, et ses véritables enfants non plus coupables que lui, du crime d'une femme adultère ! Et c'est vous qui transportez et persistez à maintenir cette fiction dans le domaine de la réalité, qui déclamez contre les destructeurs de la famille ?... Et, moi, je vous le dis en vérité : c'est vous, avant tout autres, qui êtes les véritables destructeurs de la famille ! Admettez ou rejetez le divorce, le socialisme n'a pas ici une formule absolue, raide ; mais tant que votre fiction restera la loi vivante, votre prétendue morale n'est qu'une morale hypocrite et anti-sociale.

Et tant d'autres points de vue qu'il nous resterait à signaler si notre cadre le comportait ; si surtout encore un peu plus de temps nous avait été laissé entre le moment où nous avons conçu cet opuscule, et presque privé de livres accidentellement, le jetons sur le papier au courant de la plume, pour ainsi dire, et le moment si prochain qui peut donner quelqu'intérêt à sa publication. Mais les quelques exemples précédents d'application suffisent au besoin de notre thèse et de notre conclusion.

Reprenons notre question agitée :

Février a fait quelque chose, mais il n'a point fait tout ; l'Assemblée nationale, elle-même, a été obligée en quelque sorte d'abandonner sa tâche inachevée et de laisser à d'autres le soin de réaliser ses promesses. Le socialisme se trouve donc en présence d'une tâche commencée mais non consommée. Cette tâche est-elle une révolution radicale proprement dite, une réédification ne devant point laisser pierre sur pierre, ou n'appelle-t-elle que des réformes plus ou moins profondes, plus ou moins nombreuses?

Le premier quart de ce siècle a vu surgir en Allemagne, deux célèbres écoles juridiques : l'une dite historique; l'autre, philosophique. La première, spécialement, dut prendre faveur en France, à une époque sans aspirations, superficielle, toute de pratique et de conservation. Partant de cette idée, juste au fond, qu'il ne suffit point d'écrire sur le papier une révolution pour la faire passer dans les faits, dans la matière sociale, elle donna à cette idée une portée autre que celle qu'elle implique en soi, et elle sembla se condamner à l'immobilisme par l'exclusif de son point de vue. Si le présent est vivifié par le passé, si l'histoire présente la liaison du présent avec le passé, le présent vivifie aussi l'avenir, dont la philosophie de l'histoire soulève un coin du voile. Et, à ce nouveau point de vue, chaque moment qui commence, laisse déjà loin derrière lui le moment qui finit. Ce point de vue, c'est vraiment la vie; car la vie sans mouvement, sans lendemain, c'est l'agonie de la mort. Or, l'école qui accepte la qualification antithétique d'historique, s'attache plus spécialement au point de vue qui relie le présent au passé, préoccupée à peine de celui qui relie le présent à l'avenir. Et, alors, elle se cramponne à la tradition, je dirais presque à la routine, comme le navigateur timide qui remet son salut au secours momentané de son câble pourri plutôt que de le chercher dans sa propre énergie à lutter contre la tempête. La mer grossit, le câble se brise, et le navigateur de sombrer.

Mais de même que l'école historique est exclusive en ce qu'elle ne tient pas assez de compte de la liaison intime du présent et de l'avenir, de même, ce serait tomber dans un autre exclusif que de penser qu'il ne saurait y avoir de légitimité et de stabilité pour la France de l'avenir que dans le bouleversement radical de tous les rapports qui constituent le présent. C'est en ce sens qu'il faut que les éléments sociaux de la France s'acceptent, c.-à-d. s'acceptent dans la légitimité de leurs conditions respectives, mais non en ce sens qu'il faille que les tendances légitimes acceptent les tendances illégitimes ; les instincts libéraux, nationaux, les instincts oppressifs, anti-sociaux ; le dévoûment, l'égoïsme ; bref, les passions généreuses, les mauvaises passions. Car ce ne sont plus là des rapports légitimes d'éléments ; c'est une lutte d'éléments contraires comme le sont le bien et le mal, le légitime et l'illégitime, le mal demandant d'abord à être souffert pour ensuite étouffer le bien plus sûrement. Accepter ici, souffrir, ce n'est rien moins que le suicide.

Socialisme et bouleversement radical, n'ont donc aucune parenté nécessaire. Si, d'un côté, le socialisme est aspiratif, agressif même, de l'autre il est conservateur. — Il est conservateur de la forme républicaine conquise en Février ; il est conservateur de la jeune liberté de nos frères des colonies, il est conservateur de l'abolition de la peine de mort en matière politique; bref, il est conservateur de toutes les inspirations généreuses que le Gouvernement provisoire et l'Assemblée nationale ont traduites dans les faits. — Mais le Socialisme est agressif en présence de tous les abus anti-sociaux qui pèsent sur les peuples, et sont autant de germes de luttes intermittentes, dont chaque dénoûment est presque toujours une sanglante catastrophe ; il est aspiratif de toutes les améliorations pratiques que comporte la nature de l'homme et de la société, comme le malade aspire vers la guérison des souffrances qui le torturent.

Du moment où nous reconnaissons que le Socialisme fait la part des rapports légitimes sur lesquels notre société actuelle est assise, assez peu importe quel nom l'on donne au but de ses aspirations : révolutions ou réformes, et surtout lorsqu'il s'agit d'appliquer à ce but des appellatifs dont les nuances sont nécessairement arbitraires, variables. Tel, d'ailleurs, élargit son programme, tel le resserre Qu'importe encore ? Les uns ne diffèrent des autres que par la compréhension de leurs aspirations, tous d'accord qu'ils sont, sur le point de départ et le but. Le point de départ, ce sont les souffrances sociales germe vivace de toutes les agitations politiques le plus souvent sanglantes ; le but, c'est l'allègement, dans les extrêmes limites du possible, de toutes les souffrances sociales ; c'est la disparition des insurrections armées, des révolutions sanglantes ; bref, c'est le progrès social, non ce progrès reculé indéfiniment, mais hâté comme doit l'être toute réparation d'une injustice. Appelez ce but des réformes, si tant est que vous y teniez, et si ces réformes satisfont aux légitimes besoins de l'époque, le socialisme est à son tour *satisfait ;* il cesse d'être aggressif. A l'œuvre donc !

Oh ! que ne puis-je faire passer mon cœur dans le cœur des jeunes hommes de notre génération ! Que ne puis-je prêter mes yeux à l'égoïste pour qu'il lise dans le passé et le présent, la loi de l'avenir !

§ VIII.

La situation.

Plus d'une année s'est écoulée depuis Février, et, il faut bien le reconnaître : malgré le vote de la Constitution, malgré l'élection du 10 décembre, l'avenir est plus que jamais remis en question ; les partis plus dessinés que jamais, ne présentent guère qu'un état transitoire d'armistice, dont chacun profite pour se reconnaître, se conserter, agir ensuite.

Je ne saurais trop le redire et le redire encore : Honte à moi, s'il entrait jamais dans ma pensée et mes prévisions de prendre la plume pour exciter les mauvaises passions et les pousser dans l'arène ! Mais est-ce la faute de l'écrivain si les faits qu'il constate, ne sont pas plus riants ? si les lois de ces faits sont aussi impérieuses, fatales même, quand l'homme ne sait pas user de son intelligence, de son cœur, de son expérience et de sa volonté pour modifier les milieux qui enfantent ces lois dont les conséquences le menacent et l'effraient avec juste motif ? Et que fait l'écrivain en constatant ces faits, en signalant ces lois, autre chose que de dire : « Vous vous perdez ! Vous nous perdez tous ! Prenez « donc garde ! Abandonnez cette voie périlleuse, et entrez « dans le droit chemin. » L'écrivain fait une noble et digne action que trop souvent les passions retournent contre lui.

Oui, je le répète : les partis ne s'entendent point et paraissent moins que jamais disposés à s'entendre. Dans la sphère gouvernementale, au haut, le Ministère est un ministère phtysique, dont les poumons ne sauraient battre à l'unisson. Il le sent lui-même, le dissimule à peine. Plus bas, combien de fonctionnaires sont soufferts par cela seul qu'ils ne sont acceptés par aucun parti ? Eux-mêmes se sentent chanceler dès qu'ils font un pas. Cependant, les prétendants sont en observation et attendent les circonstances pour apparaître dans la lutte une fois engagée. Partout, le provisoire, l'inquiétude, l'agitation. Les influences sont à reconstruire, à asseoir. Voyez si les plus prévoyants se sont réinféodés sans réserve aux puissants du moment ! On semble reculer à se faire l'ami de celui-ci dans la crainte de l'avènement imminent de celui-là. En révolution, les morts se succèdent vite ! Et il y a plus d'un mort-vivant. Les influences sont à reconstruire.

Cependant, la Nation est tirée par deux forces opposées :

les aristocraties : restaurateurs ou conservateurs, c.-à-d., si l'on veut, les privilégiés ;

les non-privilégiés et les deshérités.

Un moment même a dû faire craindre de voir tracer en lettres de sang : riches et pauvres !

. . . .

Les aristocraties commencent à comprendre ainsi la lutte engagée, s'effraient justement des conséquences éventuelles mais possibles de cette lutte, et se resserrent mécaniquement, instinctivement, sous le coup de leurs vagues et inquiètes appréhensions de l'avenir. Elles voudraient et ne voudraient point : elles sentent le danger de ne point céder, et elles reculent devant le sacrifice. Leur résistance, c'est l'obstacle élastique qui refoule le flot venu, flot qui revient, revient encore, se soulève et menace de franchir la digue qu'il peut bientôt engloutir.

Les aristocraties se resserrent, mais mal à l'aise de leur accointance intéressée et égoïste. La Noblesse répugnera toujours à s'assimiler la philosophie de cette autre noblesse quelque peu arlequine, laquelle, à son tour, souffre du prestige de sa rivale auquel elle ne saurait prétendre, et a conscience de son impuissance relative en présence du Clergé si elle n'est appuyée par le Peuple. Les aristocraties victorieuses demain contre le Peuple, rentreront presque aussitôt dans une lutte dont les éléments et les termes seront changés. Le Peuple se passionnera-t-il dans des luttes stériles pour lui ? Restera-t-il alors spectateur passif ? Ne viendra-t-il pas dire au milieu des contendants ? « Et moi « aussi je suis aristocratie, et aristocratie seule puissante « entre toutes quand il ne me reste plus de salut que de me « lever d'ensemble ! » Alors qu'adviendra de la Patrie, cette mère commune de tous ?...

S'il m'eût été donné d'avoir une voix assez imposante pour me faire écouter de tous, je dirais aux classes aristocratiques : « Ne forcez point le ressort. La philosophie des

« idées nouvelles n'a rien qui soit hostile aux personnes, « si on lui laisse prendre son légitime cours. Mais il n'en « est pas des intérêts et des instincts de castes comme des « personnes. Votre passé a jeté de la défiance sur ces ins- « tincts, et toutes vos agitations présentes ajoutent encore « à cette défiance. Ni les uns, ni les autres n'avez pu jus- « qu'ici sauver la France des révolutions. Abstenez-vous « quelque temps de vos prétentions à ressaisir le pouvoir « qui vous est échappé et laissez passer ce pouvoir en « d'autres mains. Surveillez seulement; profitez de ce « temps pour retremper vos instincts et montrer que vous « avez enfin compris la loi sociale et humanitaire du pro- « grès; puis, vous reviendrez concourir plus forts et plus « puissants que jamais à faire le bien. Autrement redoutez « de forcer un ressort qui pourrait éclater dans vos mains « et préparer à la France un triste avenir ! Que la philo- « sophie de l'histoire soit pour vous un profitable ensei- « gnement, non la philosophie de vos livres, à vous, des « livres confectionnés à votre usage, mais la philosophie « des livres que le Peuple inspire et peut seul inspirer. Et « ne prenez point ces profondes et générales agitations qui « ébranlent, non seulement la France, mais l'Europe, pour « un simple ride qui trouble un moment la surface du lac ! »

Les classes moyennes et prolétaires ont assez rudement éprouvé et subi les doctrines et les influences tour-à-tour renversées. Que, comme nous en avons fait plus haut une sommaire esquisse, elles sachent enfin faire la part de ce que refusaient à leurs pères les pères de la Noblesse d'aujourd'hui, et de ce dont les dotèrent leurs pères, à elles! Les souvenirs tout frais de cette Restauration superbe et étroitement dévote ne leur laissent-ils que des regrets?.... Juillet est tombé, et soit tombé avec lui l'esprit qu'il inaugura! Avec lui soient tombées ces deux influences désastreuses: — « Vous avez déshonoré la France! » — « Et, vous, « vous l'avez ruinée! » — On ne saurait trop le répéter:

toutes les influences, en ce moment, sont, pour ainsi dire, à terre, et conséquemment à réédifier, et, les classes secondaires aidant, une nouvelle Ère peut s'inaugurer pour la France. Alors se réaliseront successivement toutes les tendances d'amélioration qui ont tenu constamment le parti républicain sur la brèche : dégrèvement des impôts; économie dans la répartition des budgets pour les services improductifs; augmentation pour les services conçourant au bien de tous, et surtout à celui des classes abandonnées à leur ignorance, à leurs dissipations, à leurs maladies et à leur misère; primes émulatives au travail industriel et intellectuel, au dévoûment patriotique; appel des plus capables et des plus moraux aux fonctions publiques pour le plus grand bien des administrés et des justiciables; réformes d'abus de tant d'espèces; proscription des révoltes à main armée; grandeur de la génération qui surgit, voici la mission du Républicanisme socialiste, mission déjà commencée et qu'il lui reste à développer indéfiniment dans l'avenir.

Mais le Républicanisme ne peut accomplir sa mission qu'à la condition de ressaisir l'influence que ses ennemis lui disputent en ce moment, habiles que ceux-ci ont été, à profiter des obstacles inévitables dans une commotion politique aussi profonde que celle de Février, et il ne peut ressaisir cette influence que par le concours de tous ceux qui sont intéressés à ce que la République ne tombe point, mais grandisse et se fortifie. Et, pour cela, unissons-nous tous qui ne sommes ni Nobles, ni Prêtres, ni Fonctionnaires, ni Satisfaits de tout genre; unissons-nous tous, grossis de tous les cœurs généreux, Nobles, Prêtres, Fonctionnaires ou Satisfaits en ce qui concerne leurs personnes mais non en ce qui concerne les deshérités; unissons-nous, dis-je, au jour prochain de l'élection, dans une même pensée :

Plus d'abus ; plus de privilèges ! Des améliorations ; puis améliorations, et encore des améliorations !

Et vous, Hommes de peine, vous qui avez tant de mal à vous orienter au milieu de nos luttes ; sur ce terrain où s'agittent tant de passions égoïtes, où, si l'on pense à vous, c'est si rarement sous l'inspiration d'un sentiment généreux, fraternel et efficace ; vous qui, comme vous me l'avez dit plus d'une fois, vous vous abstenez dans la crainte d'une erreur qui pourrait retourner contre vous-mêmes, que votre politique se résume en ce peu de mots jusqu'à ce que l'avenir vous éclaire :

« Aristocraties de toutes sortes : seigneur noble ou quasi-
« noble de mon village, de ma commune ; curé de ma
« paroisse et son évêque, seigneur noble et curé du village
« voisin, et encore de l'autre village voisin; gens à grandes
« places et à gros traitements ; gens que tous les influents
« attirent à eux, tout cela vote d'ensemble, comme un
« seul homme ; les mandataires de tous ces intérêts, ce
« sont des hommes dont ces intérêts sont les leurs, aussi,
« à eux. Or, mes intérêts, à moi, n'ayant rien de commun
« avec tous ces intérêts-là, leurs mandataires ne sauraient
« être les miens, et je ne vote point pour eux.

« Gens de ma condition ou à-peu-près, plus à portée
« que moi de voir au juste comment les choses se passent,
« et dont les intérêts sont les miens, votent pour ces autres
« qui ont leurs instincts, leurs sympathies, leur confiance.
« Or, puisque mes intérêts sont les mêmes que les leurs,
« mes instincts aussi doivent être les mêmes, et je vote
« avec eux sans hésiter. Leurs hommes, ce sont mes hom-
« mes ! leurs mandataires, ce sont mes mandataires ! Je
« n'en démords plus, quoi qu'on fasse, quoi qu'on dise. »

— Y pensez-vous ? Ce ne va plus être une invasion de socialistes, mais d'utopistes plus ou moins démolisseurs, plus anthropophages les uns que les autres ! — Rassurez-vous bien : deux ou trois ne sauraient faire tout. Or, vous ne serez jamais assez fort contre l'ennemi commun, et vous le serez toujours assez contre les brouillons quand vous aurez le pays derrière vous. Les nobles et les ex-conservateurs se réunissent bien : ayons le bon sens de faire comme eux !

Citoyens ! la République est en péril ! Sauvons-la, nous tous qui, aujourd'hui encore, le pouvons !

www.ingramcontent.com/pod-product-compliance
Ingram Content Group UK Ltd.
Pitfield, Milton Keynes, MK11 3LW, UK
UKHW031940260826
14628UKWH00004B/1756

9 782012 472464